AS DEZ LIÇÕES INDISPENSÁVEIS

para começar sua vida

CB125401

Maria Shriver

AS DEZ LIÇÕES INDISPENSÁVEIS

para começar sua vida

Tradução de
Lena Aranha e Valéria Lamim Delgado Fernandes

THOMAS NELSON BRASIL

Rio de Janeiro
2009

Título original
Ten things I wish I'd known before I went out into the real world

Copyright © 2000 por Maria Shriver
Edição original por Grand Central Publishing, New York, New York, USA. Todos os direitos reservados
Copyright da tradução© Thomas Nelson Brasil, 2009

EDITOR RESPONSÁVEL	Nataniel dos Santos Gomes
SUPERVISÃO EDITORIAL	Clarisse de Athayde Costa Cintra
PRODUTORA EDITORIAL	Fernanda Silveira
CAPA	Valter Botosso Jr.
TRADUÇÃO	Lena Aranha e Valéria Lamim Delgado Fernandes
COPIDESQUE	Norma Cristina Guimarães Braga
REVISÃO	Margarida Seltmann Magda de Oliveira Carlos Cascardo Cristina Loureiro de Sá
PROJETO GRÁFICO E DIAGRAMAÇÃO	Julio Fado

CIP-BRASIL. CATALOGAÇÃO NA FONTE
SINDICATO NACIONAL DOS EDITORES DE LIVROS, RJ

S564d

Shriver, Maria
As dez lições indispensáveis para começar sua vida / Maria Shriver; [tradução Valéria Lamim Delgad Fernandes e Lena Aranha]. - Rio de Janeiro: Thomas Nelson Brasil, 2009.

Tradução de: Ten things I wish I'd know before I went out into the real world
ISBN 978-85-7860-011-2

1. Shriver, Maria. 2. Jovens - Conduta. 3. Profissões - Desenvolvimento. I. Título.

08-2479. CDD: 158.1
CDU: 159.947

Todos os direitos reservados à Thomas Nelson Brasil
Rua Nova Jerusalém, 345 – Bonsucesso
Rio de Janeiro – RJ – CEP 21402-325
Tel.: (21) 3882-8200 – Fax: (21) 3882-8212 / 3882-8313
www.thomasnelson.com.br

SUMÁRIO

DEDICATÓRIA

Dedico este livro aos meus quatros amados filhos... Katherine, Christina, Patrick e Christopher. Agradeço a vocês pelo amor, pelos sorrisos e pela alegria que trouxeram para minha vida. Nunca imaginei que o amor pudesse ser tão incondicional e profundo.

A Arnold, meu marido maravilhoso e especial, agradeço pela mais fascinante aventura que uma moça como eu poderia empreender. Se soubesse o trabalho que teria de enfrentar, teria me preparado melhor. Amo você e agradeço por me ajudar a ser tudo que posso ser.

Aos meus quatro irmãos maravilhosos, Bobby, Timmy, Mark e Anthony: é difícil de acreditar que um dia eu estaria aqui, agradecendo a vocês por todos os ataques e provocações, por, enfim, preparar-me para o mundo real. Gostaria que toda menina se beneficiasse disso, que para mim significou um verdadeiro treinamento para a vida.

E a meus extraordinários pais, Eunice e Sargent Shriver. Não há um dia em minha vida em que não sinta falta do amor de vocês, em que não ouça a voz de vocês incitando-me a ir em frente, edificando-me, aconselhando-me e guiando-me na direção certa. Não seria possível amá-los mais do que amo nem há maiores heróis em minha vida do que vocês dois.

Beijos e abraços,
Maria

AGRADECIMENTOS

Não poderia escrever este livro sem a sabedoria, a habilidade, a orientação, o apoio e o amor de minha mentora e amiga Roberta Hollander, que dedicou incontáveis horas para me ajudar de todas as maneiras imagináveis. Ela estimulou minha memória, ajustou e poliu meu trabalho, ajudou-me a pôr tudo no contexto e me animou quando duvidei de mim mesma e do que tinha a dizer. Desde que a conheci, ela é a luz que me orienta e está sempre comigo.

Também estou em dívida com meus outros amigos que contribuíram de forma inestimável para o resultado final deste livro. A minha querida amiga Oprah Winfrey, a primeira a sugerir que meu discurso daria um grande livro; a Julia Paige, pelo encorajamento diário para que o escrevesse; a Nadine Schiff, Wanda McDaniel, Michael Rourke e Sandy Gleysteen, que leram o texto em sua forma mais tosca e me ofereceram encorajamento e críticas construtivas; a Teri Hess, que passou o pente fino no resultado final; a Jan Miller, o agente mais dedicado e destemido, e a sua assistente, Shannon Miser-Marvin, que trabalha a meu favor nos bastidores; a minhas cunhadas Linda, Alina e Jeanne; a meus sobrinhos Rosie, Timbo e Teddy. Obrigada a todos vocês por despenderem tempo para me ajudar com a capa, a impressão, o visual todo: vocês me apoiaram e me ajudaram muito; a Rick Horgan, que comprou este livro antes que ele existisse e esperou pacientemente por mim, enquanto eu hesitava se o escreveria ou não — ele merece uma medalha de ouro por sua paciência; e, por fim, a todos os meus novos amigos da Warner Books: Jackie Meyer, Emi Battaglia, Eric Wechter, Ralph Fowler, Tom Whatley, Ann Schwartz, Martha Otis e Chris Barba. Agradeço a vocês pelo apoio, pela crença em mim e pelo investimento neste meu pequeno grande livro.

INTRODUÇÃO

Nunca tive a intenção de escrever este livro, que originou de um discurso que eu nunca quis fazer. Os dois surgiram da minha culpa; hoje, vejo que estou feliz por minha decisão. Deixe-me explicar.

Há dois anos, a Faculdade Holy Cross, em Massachusetts, EUA, convidou-me para discursar na formatura dos alunos. Detesto fazer palestras, detesto porque tenho medo. Não importa quantas palestras faça, o processo é sempre difícil. Fico tensa com meses de antecedência. O que devo escrever? Por que alguém gostaria de ouvir o que tenho a dizer? De todo jeito, o que *tenho* a dizer? E acabo imaginando todo tipo de coisas desagradáveis. E se eu fizer um gracejo e ninguém rir? E se houver um vento forte que arrepie meu cabelo e espalhe minhas páginas? E coisas mais desagradáveis ainda: e se eu parecer uma pateta ali na frente? E se eu passar mal? (Sei, você deve estar se perguntando: se tenho tanto medo, como posso me sentir bem diante de uma câmera de televisão e tagarelar à vontade, ao vivo, para milhões de pessoas? Ora, consigo fazer isso porque não *vejo* o rosto de nenhuma delas.)

Esses pensamentos e medos obsessivos queimam meus neurônios com muita antecipação. Fico uma pilha de nervos, apreensiva, irritadiça e assustada. As pessoas à minha volta me questionam: "Se você odeia tanto falar em público, por que, para início de conversa, aceita esses convites?"

Bem, nesse caso, como sempre acontece, não aceitei de imediato. Quando o pessoal da faculdade me telefonou, tentei agradecer e, muito polidamente, declinar do convite. Só que havia um probleminha. Sabe, um dos meus quatro irmãos estudou na Holy Cross. A esposa dele também. Além disso, meus pais receberam um título honorário da faculdade. E, se isso não fosse o bastante, meu tio recebeu o mesmo título quando foi presidente dos Estados Unidos.

Todos esses pontos foram devidamente salientados na carta que recebi do diretor. Ele enumerou-os da mesma forma que um padre católico experiente usa para conseguir o que quer, tocando minha culpa como um flautim. A carta dele foi o plano A. Porém, havia um plano B — pedir aos membros de minha família que me convencessem da importância daquele discurso. Meu irmão assegurou que confiava em mim. Ai! Minha mãe me pressionou. Rodeei... e hesitei. E, como todo bom covarde, adiei a decisão durante meses.

Assim, a faculdade partiu para o plano C. Recebi uma mensagem dizendo que como, na verdade, não tiveram notícias minhas, eles seguiriam em frente com outros planos. A administração estava desapontada, a faculdade estava desapontada, e, é claro, os alunos ficariam muitíssimo desapontados. Mas, como estava claro que eu não conseguia me comprometer, eles teriam de encontrar outra pessoa para a qual essa seria uma grande honra. Telefonei para minha mãe, telefonei para meu irmão. Todos disseram que não havia problema se eu rejeitasse o convite por estar assustada — mas, puxa vida, eles também ficaram desapontados.

Funcionou. Tudo funcionou. Com os vários planos desenvolvidos, a culpa cresceu em meu interior, a pressão aumentou — até minha determinação ceder totalmente. Vocês estão CERTOS, todos vocês estão certos! Fui um ser humano horrível, indigno, fraco por declinar desse convite! E antes que percebesse, estava implorando que a faculdade, *por favor*, deixasse eu fazer o discurso de formatura.

Tão logo eles concordaram, fiquei ruim do estômago e fui acometida da hipertensão pré-discurso. Talvez ainda houvesse tempo de desistir. Poderia conseguir que a NBC me enviasse para cobrir a guerra na Iugoslávia no dia do discurso. Podia dizer que um dos meus filhos estava doente. Ou: "Sinto muito. Tenho de entrevistar o papa." Sem dúvida, uma faculdade católica me dispensaria por *isso*.

Infelizmente, nenhuma dessas hipótese diminuía a culpa. E, para dizer a verdade, começava a ser açoitada pelas muitas oscilações em minha decisão. Assim, por fim, parei de resistir e entrei em ação. Depois de confrontar o medo por muitos anos, aprendi que a melhor forma de lidar com ele é aplainar o caminho para enfrentá-lo. Comecei a refletir.

O que diria a esses meninos que saíam da faculdade e entravam na vida? Lembrei-me de como eu era ao me formar, aos 21 anos — de como o mundo parecia me oferecer inúmeras opções e como eu sabia pouco sobre o que realmente aconteceria comigo. Comecei a me perguntar se minha vida seria diferente se apenas soubesse ISSO ou AQUILO quando saí da faculdade. Logo, tinha uma lista de ISSOS e AQUILOS e um tema para o discurso. Veja só! Talvez pudesse de fato oferecer algo que interessasse àqueles meninos; talvez parassem de se preocupar com a cerveja e o champanhe para prestar atenção em mim. Afinal, havia colocado em minha lista tudo aquilo que eu gostaria de ter aprendido antes de sair para o mundo real. Escrevi, escrevi, escrevi... e, na verdade, o processo todo foi divertido. Soube que o resultado foi bom quando, depois de ler em voz alta em um bonito salão, todos choraram no final e pediram uma cópia.

No final, fiquei orgulhosa de meu discurso na formatura da Holy Cross. Fiquei orgulhosa por terem me pedido o discurso e por eu ter aceitado; fiquei orgulhosa por, finalmente, fazer um discurso que pareceu comover as pessoas. Fiquei orgulhosa, acima de tudo, de não ter desistido.

No fim do discurso, aplaudiram-me de pé. É claro que as exclamações animadas de uma plateia aplaudindo de pé em discursos de formatura são comuns. Em geral, todos ficam tão aliviados quando o orador acaba que automaticamente se levantam e aplaudem. Mas o que aconteceu depois *realmente* me surpreendeu. Não só os alunos se aproximaram para pedir uma cópia do discurso, mas os pais vieram a mim com lágrimas nos olhos dizendo o quanto gostariam de saber as mesmas coisas quando saíram da faculdade. Fui inundada por pedidos de discursos depois que o discurso daquela noite foi ao ar na C-Span e em diversos outros noticiários. Aonde quer que eu fosse, homens e mulheres paravam-me na rua para conversar sobre o discurso, para citar uma ou duas linhas que os impactaram. Sem brincadeira. (Isso me deixou chocada. Em geral, as pessoas param-me na rua para perguntar sobre os bíceps de meu marido ou para fazer sua imitação do "Eu voltarei", com sotaque austríaco.)

Assim, em resposta a todos os pedidos que recebi para fazer esse discurso que nunca quis fazer, aqui está o livro que nunca esperei escrever. São os mesmos pontos que apresentei no discurso, apenas os expandi. Pôr alguma coisa entre as capas do livro também não foi uma tarefa fácil. Quando recebi uma oferta em dinheiro para transformar o discurso de formatura em livro, fui para casa e passei mal.

Assim, sente-se de novo e junte-se a mim em um lindo dia de verão em Massachusetts. O discurso de formatura começava assim:

> Faculdade, pais, família, amigos e graduandos. Posso dizer com honestidade que não fico animada assim desde que aprendi a soletrar Schwarzenegger. [Consegui uma boa risada com isso.]
>
> Há dois meses, padre Reedy me telefonou para perguntar:
>
> — Maria, você acredita em discurso livre?
>
> — Bem, sim, padre, acredito — respondi.
>
> — Ah, que ótimo — animou-se ele —, porque em maio você vai fazer um na Holy Cross.
>
> Muito esperto, pensei. Telefonei para meu irmão e seus brilhantes amigos que se formaram na faculdade.
>
> — Preciso de informações sobre esse padre.
>
> Todos responderam:

— Ah, ele é muito legal, inteligente, criativo, divertido. Ele é incrível quando se trata de angariar fundos.

Quando hoje, por fim, eu o conheci, não sabia se devia apertar sua mão ou beijar seu anel.

Padre Reedy, quero agradecer ao senhor pelo convite. Sinto-me muito honrada. E, antes de continuar, gostaria de agradecer também a todos os pais presentes. Sei que, além de muito orgulhosos, vocês devem estar bastante aliviados, pois não vão mais receber em casa aquelas contas enormes pela instrução de seus filhos. Como mãe de filhos jovens, faço ideia do sacrifício que vocês fizeram até seus filhos chegarem a essa faculdade — amor, paciência, compreensão e muito trabalho duro. Por isso, quero tirar o chapéu para todos os pais. Parabéns a todos!

Uma nota pessoal — quero agradecer aos meus pais, que enfrentaram um cansativo voo noturno, depois de uma reunião do conselho olímpico na Europa. Mamãe e papai, nada me deixa mais orgulhosa que estar aqui diante de vocês para receber um título honorário de uma faculdade católica e para fazer o discurso nessa formatura. Amo vocês.

Estou honrada em estar aqui hoje, no 25º aniversário da decisão política mais sábia que a faculdade

Holy Cross já tomou. Refiro-me à brilhante decisão, um quarto de século atrás, de admitir mulheres, melhorando o reconhecimento e a qualidade da faculdade. [Essa fala arrancou uma grande rodada de aplausos.] As mulheres fazem uma incrível diferença onde quer que estejam. Acreditem, sei do que falo. Sou a única mulher em uma família com quatro irmãos, e sei como otimizei e melhorei a qualidade de vida deles — não importa o que eles digam. E também estudei em uma instituição jesuíta que antes era só para homens, a Universidade Georgetown.

Na verdade, senhores e senhoras, deixe-me torturá-los um pouco. Fechem os olhos e tentem imaginar a Holy Cross sem mulheres. Horrível, certo? Chaaaaatíssima! Bom, continuem e tentem imaginar sua vida sem as mulheres, ponto. Aposto que não conseguem. Sem nenhuma mulher por perto, não saberiam o que fazer com vocês mesmos. E o pior de tudo é que nem mesmo saberiam que não sabiam o que fazer — pois não haveria nenhuma mulher ao lado para dar a dica!

Encaremos. Nós, mulheres, às vezes choramingamos e fingimos que estamos cheias de dúvidas e medo, ansiosas quanto ao nosso desempenho. Mas nós, na verdade, sabemos o que trazemos na bagagem: perspicácia, inteligência, talento, criatividade e intuição aguçada. Sem falar em beleza, estilo, instinto, gosto e — perdoe-me, mamãe — uma impressionante criatividade sexual. [Isso arrancou uma ovação de pé de todos os alunos.] Holy Cross, por todos esses motivos, vocês fizeram muito bem quando admitiram mulheres na faculdade.

Mas não estou aqui para falar de mulheres. Hoje, meu objetivo é oferecer a cada um de vocês algo que possam guardar para sempre. Uma palavra de sabedoria. Uma ideia que os possa ajudar em sua vida pós-Holy Cross. Lutei para imaginar que mensagem seria essa. Muitos alunos escreveram-me sugerindo que meu discurso tratasse de seus objetivos e temores para o próximo século. Padre Reedy sugeriu que contasse a vocês como combinar carreira, maternidade e casamento. Tive um acesso de ansiedade só de pensar nesse tema. Minha mãe e meu pai sugeriram que eu falasse sobre serviço comunitário. Meu irmão, Mark, formado na Holy Cross, sugeriu simplesmente que falasse sobre ele.

Após muita agonia, decidi compartilhar com vocês minha lista das dez coisas que gostaria de saber quando estava na mesma situação que vocês, sentada, assistindo a minha cerimônia de graduação, perguntando-me quando o discurso de formatura acabaria. Então aqui vamos nós: dez coisas que gostaria que alguém tivesse me contado em minha graduação — antes de enfrentar o mundo.

Esse foi o discurso. Aqui vem o livro...

PRIMEIRO E ACIMA DE TUDO: IDENTIFIQUE SUA PAIXÃO

1

Seja honesto consigo mesmo: Pense de verdade nos seus interesses. Do que você gosta, o que chama a sua atenção e faz seu cérebro funcionar. O que VOCÊ quer fazer — não o que você acha que seus pais, seus professores, a sociedade ou seus irmãos querem que você faça.

Quando me formei, em 1977, tudo que queria era ser âncora de um noticiário de televisão. Todos acharam que eu estava louca. Os pais dos meus amigos diziam que eu precisava de mais autoconhecimento e que, antes de tomar qualquer decisão, deveria estudar Direito até descobrir o que realmente queria fazer. Outros sugeriram que eu devia seguir a onda que, sem dúvida, seguia em direção a Wall Street. Todas as minhas amigas queriam ir para a cidade grande, alugar juntas um apartamento e se divertir. Outros ainda disseram para eu parar de me sabotar e de lutar contra a tradição familiar, decidindo-me por seguir a carreira política. Todos objetivos legítimos, mas não eram meus.

Queria fazer diferença na vida das pessoas, mas não por meio da lei, dos negócios, da política, nem do serviço público. Queria contar as histórias do dia na mídia mais apreciada naquele momento, a televisão — alcançar o mundo com ideias transformadas em realidade por meio de palavras e imagens.

Como será que fiquei tão apaixonada por participar dos noticiários de televisão? Por volta de 1972, quando ainda estava no ensino médio, fui mordida pelo bicho do noticiário. Naquele ano, como os formandos em história antiga entre vocês devem saber, meu pai foi indicado para o cargo de vice-presidente pelo Partido Democrata. Ajudei-o durante as eleições e tive a sorte de conseguir a rara oportunidade de viajar no avião de campanha. (Observação: se você tiver a inclinação ou a oportunidade de trabalhar em uma campanha eleitoral, agarre-a. Garanto que você aprenderá mais a respeito das pessoas e da política do país que em quase todas as demais viagens que fará na vida.)

A equipe do meu pai me empurrou de lado — "filha de candidato, com certeza, uma menina chata e mal-educada" —, para ficar com "ELES" no fundo do avião. Essa foi a melhor coisa que me aconteceu. Veja, a diversão de verdade era lá no fundo, porque "ELES" eram a imprensa: os caras geniais (e algumas mulheres) da grande mídia nacional que davam duro em jornais, serviço telegráfico, rádio e televisão. A maioria deles fazia cobertura de política havia anos, assistindo ao desfile de candidatos e campanhas através de olhos experientes (alguns diriam, olhos ressentidos). Estavam sempre observando e tecendo comentários sobre o que viam, e seu interminável estoque de ditos espirituosos e de cobertura — até mesmo piadas — puseram toda a campanha presidencial em um patamar totalmente novo para mim. Ao pé da letra.

Lembre-se, vivi e respirei política minha vida toda — desde criança, em minha casa, todas as noites, ao jantar, o debate e a discussão política eram servidos como purê de batata. A política e o fazer história, de muitas maneiras, eram o negócio da minha família. Mas, naquele ano de campanha, tive uma experiência pessoal de abalar os alicerces: vi como o pessoal do noticiário punha sua marca na história antes de o fato se *tornar* história, pegando algo que tinha acabado de acontecer diante de meus olhos e dando-lhe contexto. O que o público via não era o evento em estado natural que eu vivenciara na campanha. Ele era primeiro filtrado, explicado e modelado pelos jornalistas.

E à medida que viajávamos pelo país, esse grupo pitoresco e maravilhoso de explicadores e modeladores, inteligentes e divertidos, mudava constantemente. Repórteres e turmas da mídia local subiam a bordo por um tempo e, depois, saíam

— pessoas com interesses regionais, como agricultura, em Wichita, ou sindicalismo, em Detroit, que davam seu toque pessoal a esses assuntos. E também confraternizei com alguns dos verdadeiros pesos pesados do jornalismo político, aproveitando para observá-los. Eles viajavam com a campanha durante períodos de tempo variados; eu esperava ansiosa por matérias deles no *New York Times*, no *Washington Post* ou no *CBS Evening News*, e as devorava.

Mas a diferença entre o repórter regional e o nacional não foi a única que percebi. Os repórteres comuns se limitavam a relatar o que viam e ouviam, pinçando e descrevendo os elementos de sua história com base nos fatos, mas deixando que os leitores ou espectadores tirassem as próprias conclusões. Já os colunistas e comentaristas famosos interpretavam e analisavam aquilo que viam, oferecendo ao público uma opinião pessoal sobre a campanha de 1972.

No entanto, vi que, de qualquer modo, era o pessoal do noticiário, não o meu pai nem o seu pessoal da imprensa, quem decidia que parte de um discurso, se houvesse alguma, entraria no jornal ou iria ao ar. Esses jornalistas, ao trazer à baila certos assuntos, ao transformar os candidatos em matérias ou ao focar as corridas de cavalo, exerciam enorme influência sobre a opinião pública. E parecia-me que a televisão era a mídia que mais exercia influência, não só por dar as notícias com mais rapidez, mas por captar e transmitir o entusiasmo (ou o aborrecimento) da campanha — e a sinceridade (ou o cinismo) dos candidatos.

E, bem lá no fundo do avião, comendo amendoim, entendi de súbito que a televisão seria a política do futuro. A televisão seria a mídia por excelência para tocar, comover e entusiasmar as pessoas, bem como enfurecê-las e instruí-las, da mesma forma que os políticos costumavam fazer quando tinham contato direto com os eleitores nas ruas. Percebi isso em meu íntimo e queria fazer parte disso.

Lembre-se, essa foi a eleição de 1972, apenas um segundo antes de estourar o escândalo de Watergate. Antes de Bob Woodward e Carl Bernstein (isso para não mencionar Robert Redford e Dustin Hoffman) intoxicarem uma geração com o ideal dos jornalistas de cruzada, expondo os vilões à luz da verdade. Em 1972, a carreira nos noticiários não era uma escolha óbvia, em especial para uma jovem.

Assim, fiquei sentada no fundo do avião, comendo amendoim demais (falarei mais sobre isso depois) enquanto meditava: "Sim, isso é exatamente o que quero." Viajaria pelo país inteiro, quem sabe pelo mundo, conhecendo pessoas de todos os lugares e de todos os estilos de vida, ouvindo suas histórias e compartilhando-as. Poderia fazer parte desse grupo de profissionais enérgicos e competitivos. Jamais me aborreceria no trabalho; pelo contrário, seria só diversão. Além disso, eu não dizia sempre que não queria um trabalho "de mesa"? Esses camaradas do avião sequer *tinham* mesa.

Perguntava dia após dia a meus companheiros de viagem tudo o que me ocorria sobre a profissão. Onde se estuda jornalismo? O que se estuda? Como se adquire experiência? Como se lida com a competição? E como se lida todos os dias com o prazo de entrega da matéria? O prazo dá medo ou é necessário? Quantos jornais você lê por dia? Cinco? Como você consegue furos jornalísticos? Como você pode ser tão jovial, conversando casualmente com os outros repórteres, quando sua intenção real é ganhar deles a cada dia? Quando você vê seus filhos? Absorvia as respostas, e meus sonhos ganharam densidade. Perto do fim da campanha de 1972, eu já sabia o que queria fazer da minha vida — mas não contava para ninguém.

Não contei para ninguém, pois sabia que iriam reagir como se tudo não passasse de uma bobagem, e eu não queria ter a chateação de tentar convencê-los do contrário. *Para mim* não era bobagem, e isso era suficiente. Parte dessa decisão de não comentar nada também tinha um pouco a ver com minha família que, de muitas maneiras, via a imprensa como um adversário — que espreitava nossa vida e registrava cada movimento nosso. Eu, como muitos jovens que guardam segredo sobre seus sonhos, achava que minha família ficaria muitíssimo desapontada com a minha escolha.

Lembre-se, o fato de você *achar* que deve satisfazer a expectativa dos outros não quer dizer que é *obrigado* a isso. E eis algo chocante: talvez você esteja errado. Eu estava. Quando, por fim, contei aos meus pais o que queria fazer, eles não tentaram nenhuma vez me dissuadir da minha decisão. Nunca me desanimaram, nunca mencionaram qualquer impedimento, presente ou futuro. Eles apenas concordaram, lamentaram não poder me ajudar na área e me abençoaram. Talvez tenham pensado que eu era tola ou louca, mas nunca me disseram nada. Eles me deixaram crescer e, tempos depois, qualquer pessimismo que tivessem acabou se transformando em orgulho.

Claro que a chapa do meu pai perdeu a eleição de 1972, mas eu não perdi: ganhei uma perspectiva que pude seguir em meu futuro, uma paixão que pude perseguir. Essa perspectiva afetou todas as minhas decisões a partir daquele momento — onde vivi, onde trabalhei e com quem convivia. Estava determinada a aprender tudo o que pudesse sobre noticiários de televisão e a ser uma boa jornalista.

LIÇÃO

Confie em seu instinto, independentemente do que você acha que seus pais, professores ou qualquer outra pessoa pensará de sua escolha. Muita gente não sabe por onde começar. Portanto, tente identificar o campo, a área de trabalho, o tipo de pessoas com quem quer conviver. Siga seu instinto.

TODOS OS EMPREGOS ESTÃO À SUA ALTURA

2

Talvez seus pais, amigos e conhecidos lhe digam sempre que você é mais esperto que Bill Gates e pode fazer o que quiser. Contudo, não conheço ninguém que não tenha se beneficiado por estar disposto a começar de baixo. Até mesmo Bill Gates começou fazendo trabalhos ocasionais como programador.

Começar de baixo edifica o caráter. Faz com que você cultive o desejo de crescer e alcançar postos melhores. Também é uma ótima forma, por mais assombroso que isso seja, de descobrir o quanto você ainda tem a caminhar. Assim, é a melhor forma de APRENDER. Pois, se você ainda não descobriu, deixe-me dar uma dica: há muito a aprender. E você só pode aprender se admitir que ainda não sabe tudo, e isso quer dizer começar de baixo. De onde comecei. Diversas vezes.

Ao terminar a faculdade, apliquei todos os meus esforços na realização do meu sonho. Candidatei-me para o programa de treinamento em radiodifusão da Westinghouse — um tipo de internato, bastante prestigiado, para as estações de televisão que essa empresa possuía em todo o país. Fui aceita nesse programa e logo ao sair da escola fui encaminhada para meu primeiro emprego na KYW-TV, na Filadélfia. O salário inicial no glamoroso mundo do noticiário televisivo era de doze mil dólares por ano. Cheguei à sala da redação cheia de energia, ansiosa para pôr a mão na massa, com um maravilhoso diploma em estudos americanos e boa dose de ingenuidade. Muita, na verdade.

Logo apresentei-me ao diretor de notícias da emissora. À minha maneira, ainda tenho de me recuperar dessa experiência. Ele era um veterano do noticiário local. Era durão, inteligente e teimoso e também estava determinado que eu soubesse, logo de início, que SUA sala de redação NÃO era lugar para ricas diletantes, como EU, se distraírem até casar. Ele fazia uma vaga ideia sobre mim e meus pretensos pistolões para estar naquele emprego que cinquenta jovens bem mais merecedores que eu morreriam para conseguir, mas eu estava ocupando espaço, e não pensem que ele estava feliz com isso. Ele me explicou que não queria e não permitiria ninguém na sala de redação que não fosse sério, que não estivesse disposto a trabalhar 24 horas por dia, sete dias por semana, incluindo nas férias, em turnos noturnos e matinais — e o que dizer de turno dobrado? Ele não precisava de uma garotinha de 21 anos formada em uma faculdade chique — uma criança rica como aquela — divertindo-se na redação: *Posso brincar com a câmera? Ei, quero aparecer na televisão!*

Ele falou comigo como ninguém jamais falara, dizendo coisas que eu jamais ouvira de ninguém. E ele não estava nem aí, pois podia apostar que eu não duraria um minuto naquele emprego e iria embora antes que alguém notasse minha chegada — pois era uma estranha, uma intrusa e não pertencia ao mundo difícil, poderoso e experiente do noticiário televisivo. E não se esqueça disso, sua criança mimada insuportável.

Foi uma bomba na minha cabeça. Saí do escritório dele direto para o banheiro, tranquei-me e chorei muito. Essa foi a primeira e última vez em que chorei no trabalho. (Não a última vez em que chorei *por causa do* trabalho, mas a última vez em que chorei *no* trabalho.)

Mais tarde, percebi que o diretor teve coragem de dizer na minha cara toda alegrinha o que muitos ali pensavam: *Trabalhar? Ela não precisa trabalhar! O que diabos ela está fazendo aqui?* Isso já faz mais de duas décadas, mas as palavras dele permanecem comigo. Continuei no noticiário televisivo, resistindo a todos os altos e baixos, em parte para silenciar aquela voz crítica que ecoava em meu coração. Parece loucura?

Bem, tenho certeza de que o diretor de notícias queria me derrubar. Mas, em vez disso, ele ajudou em minha formação. Depois de assoar o nariz e sair do banheiro — e, tenho de admitir, telefonar para os meus pais para contar o que aquele odioso homem me dissera —, prometi a mim mesma que provaria que ele estava errado.

Não havia nada que eu não pudesse fazer naquela sala de redação. Trabalhei como uma condenada. Fiz ronda de madrugada, turno no cemitério. Turno duplo? Sim, por favor. Trabalhei nos dias úteis, nos fins de semana, dias e dias sem fim. Trabalhava em qualquer lugar da sala de redação, pois não tinha uma mesa. Examinava o serviço telegráfico atrás de histórias para os outros cobrirem. Trabalhava na mesa de distribuição de tarefas às quatro horas da manhã. Ouvia por horas a fio o rádio da polícia para conseguir pistas e informações. Dava telefonemas para checar as histórias e levantar furos. Livrava os repórteres da tarefa de registrar os videoteipes. Atendia os telefones ao primeiro toque da campainha. E fazia o maldito café daquele diretor! E até sorria em relação a isso. Essa era *minha* escola de jornalismo. Foi assim que construí meu currículo: descobrindo e cumprindo as tarefas que ninguém mais queria.

Veja, o que o diretor de noticiário não percebeu foi que o noticiário televisivo era minha *paixão*. Não estava na KYW para namorar, nem para casar, nem para ficar famosa. Estava lá apenas por um motivo: começar a exercer aquela paixão. E aquele camarada, indiretamente, estimulou essa paixão ao desafiá-la. Ele fez com que, logo no primeiro dia, eu perguntasse a mim mesma se aguentaria a pressão. Conseguiria manter meus olhos na recompensa que estava à frente? Tinha gana em meu íntimo? Porque você precisa da certeza de que pode remover a crítica e o negativismo que caras como aquele espalham à sua volta. Eu sabia que ele não seria o único a triturar meu ego; e daí? Prometi *usar* isso a meu favor, *aprender* com ele, *mostrar* a ele. E cumpri.

Quem sabe ele estivesse certo. Talvez eu fosse mesmo uma criança mimada e insuportável. Quando o que quero está fora de alcance, continuo a escalar a montanha até chegar lá. Desde criança tenho esse tipo de determinação. E, quando você trabalha duro para atingir seu objetivo, realmente representa muito quando você o atinge.

Permaneci na emissora da Filadélfia até concluir meu programa de treinamento. (A propósito, quando, anos depois fui trabalhar como repórter em um agora extinto programa de notícias da TV de Nova York, encontrei de novo aquele diretor, então produtor do mesmo programa. Fiquei apavorada ao vê-lo. Cumprimentamo-nos, conversamos um pouco e nunca mais o vi.)

Depois da Filadélfia, consegui emprego em uma nova função: a de produtora iniciante na WJZ, emissora da Westinghouse, em Baltimore. Fiz as malas e viajei para o sul. Apresentei-me ainda cheia de energia e ansiosa para me lançar a minhas novas atribuições, apenas um pouco menos ingênua, dessa vez. Bem, uma das vantagens de começar de baixo na área de notícias é trabalhar nessas emissoras locais — empresas não-vinculadas a sindicatos onde todo mundo pode fazer tudo; assim, você aprende na prática cada aspecto do negócio. Fui contratada como produtora, editora associada e técnica de som. Estava tão entusiasmada em ter uma posição melhor que disse à WJZ que, *claro*, além de minhas tarefas de produção, conseguiria operar o som. Honestamente, como não fazia a menor ideia do trabalho de um técnico de som, estava blefando. Mas seria tão difícil assim?

Muito. Minha experiência em Baltimore começou de forma insana. Não me lembro de nada do que aconteceu nos primeiros meses, a não ser que trabalhava dia e noite sem parar. Todo esse período, na minha lembrança, resume-se a um grande borrão acompanhado de um zunido. Uma espécie de branco. Ou talvez seja uma daquelas lembranças reprimidas — muito dolorosa para vir à tona. Talvez esteja exagerando, mas acho que não. (Trabalhei tanto em Baltimore que nunca tive tempo de terminar a mudança e desempacotar as caixas de papelão no meu apartamento.)

Como técnica de som, eu era ruim, perigosamente ruim. Sem dúvida, sempre conseguia trabalhar por longos períodos, mas apenas não sabia como fazer isso com um equipamento de som de 13,5 kg sobre o ombro. Parecia que pesava uma tonelada. (Claro que, agora que tenho quatro filhos, isso não é problema!) E não ia apenas de um lugar para outro; tinha de correr como uma louca para acompanhar o câmera ao qual ficava ligada por um longo cabo de áudio. E, acredite-me, não sou do tipo *mignon*; sou bem grande. E inepta. Havia tantos cabos, tantas tomadas de saídas, tantos conectores, soquetes, ligações, plugues, microfones, painéis — e eu não tinha a mínima noção de qual se ligava com qual, e parecia que não aprenderia nunca. Não conseguia manter o equipamento direito, sempre tinha fios arrastando no chão. O fracasso total foi na primeira vez em que meu repórter conduziu uma entrevista. Quando voltamos para a emissora, não havia nenhum som no teipe. Nenhum ronco, chiado nem estalo. Nada. E aquela não foi a última vez em que voltei sem áudio.

Não importa quanto tenha me empenhado, jamais melhorei. Também não trocaria por nada meu tempo como a pior operadora de som da história, pois foi uma das melhores lições de humildade e de aceitação de minhas limitações.

Observação: *nem tudo* vem fácil. Apesar do que papai e mamãe lhe disseram, *nem* sempre você poderá fazer o que determinou em sua mente. Trabalho com pessoas em funções que, como agora sei, estão fora do alcance de minhas habilidades, e aceito isso. A transmissão de um jornal requer um esforço de equipe para ir ao ar. Tenho o máximo respeito por editores, câmeras e, em especial, técnicos de som, cujo trabalho requer muita arte, habilidade e conhecimentos diversos: áudio, microfones, eletrônica, interferência eletromagnética e, hoje em dia, tecnologia digital — em suma, tudo aquilo que sou absolutamente incapaz de fazer ou aprender.

Peço muitas desculpas a todos os câmeras de Baltimore que foram a campo tendo a mim como sua técnica de som. Tenho certeza de que o entusiasmo deles se igualou ao meu quando o produtor executivo, em um ato de autopreservação — na verdade, um tiro de misericórdia —, isentou-me das tarefas de técnica de som.

Agora, eu estava livre para me concentrar no campo da produção — identificar histórias, imaginar como contá-las, ir a campo com o repórter e a equipe para reunir todos os elementos e voltar para a emissora a fim de escrever e juntar tudo na sala de edição. Trabalhava muito e, em produção, *melhorava* cada vez mais. Permaneci em Baltimore por dois anos e amei cada segundo pós-som — os amigos que fiz, o trabalho que realizei, as oportunidades que tive.

Foi em Baltimore que comecei a ter segurança de que, se conseguia escrever e produzir histórias para os outros lerem, também poderia fazer isso para mim mesma. Não queria ir ao ar antes de sentir que aprendera o suficiente dos aspectos práticos dos bastidores para saber cuidar de mim mesma em campo. Não queria ser passiva — apenas mais uma carinha bonita lendo textos escritos por outros, narrando histórias concebidas por outros. Queria ser qualificada para ser agente de todo o processo — conceber a história, noticiá-la, escrevê-la, modelar a peça e entregá-la com *meu* nome nela. Fiz uma promessa silenciosa a mim mesma: em meu próximo emprego tentaria me colocar diante das câmeras. Não sabia se já estava preparada, mas precisava tentar.

Deixei Baltimore para trabalhar em uma campanha política — dessa vez, na indicação, de 1980, de meu tio Ted para candidato a presidente pelo Partido Democrata. Quando a campanha terminou (muito antes do que gostaríamos, mas essa é uma história para outro livro), fui a alguns agentes de televisão para sondar a possibilidade de um trabalho diante das câmeras. As reuniões foram memoráveis, pois nenhum dos agentes foi nem um pouco encorajador. Encorajador? Que tal isto: um dos maiores agentes do ramo — ainda é um dos maiores — disparou sem rodeios que eu deveria esquecer essa ideia, pois ele *jamais* me indicaria para um emprego até que eu perdesse pelo menos onze quilos e tomasse alguma providência em relação a minha voz anasalada! (Lembre-se, eu disse que voltaríamos ao amendoim. Nunca deixei de comer amendoins.)

Nunca esquecerei essa reunião enquanto viver. Saí de lá com a cabeça erguida — e chorei muito no carro. Estava tão envergonhada. Fiquei tão mortificada. Estava com tanta raiva do agente por causa de sua crueldade, exercitada de forma tão casual. Telefonei para meus pais, que ficaram horrorizados: "*Claro* que você não está gorda! Sua voz não é estridente! Nunca ouvimos *ninguém* dizer isso sobre sua voz! Você não é, de forma alguma, gorda nem tem voz estridente!" É claro que as pessoas que nos amam tentam nos animar. Mas, lá no fundo, sabia que mais uma vez uma pessoa terrivelmente honesta me dizia algo que eu precisava ouvir. Se você pretende realizar sua paixão, às vezes, é obrigado a confrontar fatos desagradáveis a respeito de si mesmo, para que possa transformá-los. Podia continuar a comer como estava fazendo ou mudar de atitude. Tive, mais uma vez, que apenas assoar o nariz e seguir em frente — tentando arrancar humildade dos dentes da humilhação. "Está bem, se é isso que é necessário fazer, então aqui vamos nós."

Sempre lutei com o peso — e com o efeito sanfona —, mas agora via a perda de peso como um trabalho de tempo integral, uma verdadeira campanha. Comecei uma dieta intensa e rigorosa. Exercitava-me como uma maníaca, escrevia tudo que comia, tudinho. Encontrei uma fonoaudióloga e ia diversas vezes por semana ao escritório dela para cuidar da minha voz. Trabalhei em mim mesma como uma mulher possuída, mantendo os olhos no objetivo. Sete meses depois, voltei ao escritório do agente e exigi que me ajudasse, pois seguira o conselho dele. Ele tentou, mas a verdade é que os empregos para os quais me enviou realmente exigiam mais experiência do que eu realmente tinha, que era, na verdade, nenhuma. Se queria fazer isso, tinha de começar de baixo. Mais uma vez.

Em poucos meses, consegui uma brecha. Um programa musical de uma agência estava para começar e precisavam de alguém para ir a campo e entrevistar as lendas do negócio da música — estrelas como Aretha Franklin e Alice Cooper. Embora eu conduzisse as entrevistas, não aparecia no ar. Mas *podia* conseguir trechos de minha atuação para uso em algum teste. A televisão é como qualquer outro negócio. Você agarra o que pode para ir adiante.

Quase na mesma época, a Westinghouse estava inaugurando um programa chamado *PM Magazine*, versão nacional do já bem-sucedido programa local. Felizmente, eu já produzira com eles, em Baltimore, no programa antigo. Como eu já fizera parte da família Westinghouse, os produtores deram uma olhada em meu teste diante das câmeras e se mostraram dispostos a me dar uma cena. Afinal, sabiam que eu era ativa, seria barata e que, se não desse certo, sempre poderia voltar a fazer produção de campo para eles. (Observação: tenha o cuidado de não fechar portas quando sai de um emprego. Você nunca sabe quando terá de pedir ajuda para a mesma pessoa.)

Bem, finalmente, eu estava no ar, feliz da vida. Durante dois anos, fui correspondente nacional do *PM Magazine*, trabalhando fora de Los Angeles. Foi uma experiência empolgante. O programa não era famoso como *60 Minutes*, mas, naquela época, que outro programa batia *60 Minutes*? Poucos conseguiam trabalhar lá — e dificilmente alguém começava a carreira nele. E daí que não estava cobrindo guerras e política, mas apenas reportagens leves? Havia muito trabalho, muita viagem, muitas oportunidades. Estava no ar e no meu caminho. Eu me divertia e aprendia, aprendia, aprendia — ficando cada vez mais à vontade no ramo televisivo.

Sempre rio quando algum jovem vem até mim e diz: "Quero fazer exatamente o que você faz", acrescentando que sabe, claro, que isso levará alguns anos. Eles esperam ser um Tom Brokaw ou Barbara Walters* quando chegarem aos trinta anos. Escute: você não pode encurtar o processo de aprendizagem. Leva tempo para chegar ao topo, e isso é bom, pois você, quando chega lá, já aprendeu o que precisa para se manter no topo.

---

* Jornalistas e âncoras da TV americana.

Portanto, relaxe, não tenha pressa nem fique afobado. E lembre-se: todos os empregos estão à sua altura. Mas também saiba que, em seu caminho para cima, você pode encontrar pessoas críticas, julgadoras e ciumentas — pessoas que podem dizer que você chegou onde está por causa de quem e o que você é, por causa da escola que seu pai frequentou, da sua aparência ou de quem você conhece. Isso não tem importância. Livre-se disso. Se elas implicam com você, isso é problema delas, não seu. Apenas deixe de lado seu ego, abaixe a cabeça e siga em frente, trabalhando duro. Não há melhor forma de conquistar o respeito dos outros — e o respeito por si mesmo — que por meio do trabalho duro.

LIÇÃO

Começar de baixo não tem nada a ver com humilhação, mas sim com humildade — o reconhecimento realista de onde você se encontra na curva do aprendizado. Seja honesto consigo mesmo. Cresça no que precisa crescer e valorize seus colegas que são bons nisso. Apenas fique longe do equipamento de som. E dos amendoins.

PARA QUEM E COM QUEM VOCÊ TRABALHA É TÃO IMPORTANTE QUANTO O QUE VOCÊ FAZ

3

É verdade. É melhor para sua carreira e para sua alma ter um emprego mais modesto e trabalhar para um ótimo chefe que estar na cúpula do... — hum, digamos, do altamente cotado *Jerry Springer Show*. Aprendi isso por experiência.

Depois de me queimar na emissora da Filadélfia e, em seguida, quase queimar meus fusíveis em Baltimore e Los Angeles, recebi uma ótima oportunidade: fui contratada pela CBS News para ser repórter júnior no *CBS Morning News* e trabalhar para o escritório de Los Angeles. Essa era a rede de notícias que eu sempre almejara! Agora estava lá! Lá em baixo, claro, mais uma vez, mas estava dentro! Seria difícil; no começo, fiquei apavorada.

Preciso dizer que sobrevivi nesse emprego — e até tive sucesso —, não por ser maravilhosa, mas porque, por acaso, uma produtora brilhante, sarcástica, empertigada e com um probleminha de audição estava de bom humor no dia em que lhe pedi ajuda. Bem, ela era uma veterana do Brooklyn, experiente e "safa", e eu — bem, digamos apenas que não era do Brooklyn. Não poderíamos ser mais diferentes. Acho que todos que nos conheciam jamais imaginariam que poderíamos sequer nos dar bem, quanto mais nos tornar amigas.

Quando os manda-chuvas do escritório da CBS L.A. me informaram que estavam designando essa produtora incrível para trabalhar comigo, fiquei muito impressionada. Eles me disseram que ela começara na CBS na época da Rádio Network e que era uma excelente escritora e produtora. Ela trabalhou com Walter Cronkite e Hughes Rudd. Uau! Conhecia todos os participantes e procedimentos, era ótima com prazos finais e sacava tudo sobre microondas e sinais de satélite. Era ela que me colocaria no ar. E, mais importante, com ela eu aprenderia tudo sobre escrever e estruturar histórias.

Fiquei louca de entusiasmo. A CBS News gosta de mim! Querem de fato me fazer crescer, com todo esse estímulo e aprendizado a meu alcance! Estão investindo tempo e talento na minha carreira! Quando posso conhecer essa extraordinária senhora?

Então responderam que, assim que ela saísse do programa de reabilitação, mergulharíamos direto no trabalho. Epa.

O que não me contaram sobre a profissional que trabalharia comigo foi que, comparada a ela, a produtora maníaca do *Broadcast News* era uma sonâmbula. Sua vida pessoal e profissional tinha ficado tão fora de controle que a CBS a internou para uma desintoxicação. Ah, rapaz. Imaginei que isso aqui ia ser bem movimentado...

O que eu também não sabia, e só soube muito tempo depois, foi a reação dela quando descobriu que trabalharia *comigo*. Ainda no centro de tratamento, o conselheiro da terapia de grupo leu para ela uma carta da CBS News informando-a de que, quando voltasse a trabalhar, não seria mais a produtora do noticiário "sério". "Estamos contratando Maria Shriver, e você vai transformá-la em uma estrela."

Na mesma hora, ela deu um pulo e começou a gritar: "Uma menina Kennedy? Eles contrataram uma menina Kennedy? Eles me odeiam tanto que tenho de trabalhar com uma menina Kennedy? Eles estão me punindo!" Sentiu-se humilhada, devastada, fora de si. Para ela, e tenho certeza de que para a maioria dos veteranos, eu representava um grande erro no ramo das notícias. Não só vinha de uma família famosa, mas também não fizera faculdade de jornalismo, não tinha muita experiência na área e, o pior de tudo, era jovem, de aparência aceitável e namorava um fisiculturista que achava que podia ser ator de cinema. Não é de admirar que minha produtora não só pensasse que a CBS News perdera a cabeça, mas que a carreira dela também estava acabada. Olhando em retrospectiva, tenho certeza de que os chefes da CBS News esperavam, das duas, uma: ou mataríamos uma à outra ou nos demitiríamos. Dois problemas a menos para eles.

Jamais esquecerei a primeira vez em que nos encontramos. Eu estava *tããão* entusiasmada. No primeiro dia de seu retorno do tratamento, esperei por ela do lado de fora do escritório do administrador. Estiquei a mão e me apresentei: "Oi, sou Maria. Estou tão empolgada por conhecê-la pessoalmente." Ela me viu, desviou o rosto e continuou a andar. Segui-a como um filhotinho. Talvez ela não tivesse me ouvido. Reapresentei-me e balbuciei, de forma confusa, que estava muito feliz e que nós formaríamos uma equipe fantástica. Ela esperou até que eu terminasse de falar e me lançou um olhar fulminante. Explicou que não ouvira uma palavra do que eu dissera porque seu aparelho de audição estava desligado, e prosseguiu — e aqui preciso parafrasear porque a maior parte do que ouvi é impublicável — dizendo que só trabalharia comigo porque era obrigada. Que considerava aquilo tudo um rebaixamento profissional, mas supunha que tinha de pagar por ter se comportado como uma maníaca todos aqueles anos. Que a maior prioridade na vida dela não era me transformar em estrela, mas permanecer limpa, aprender como viver sem as drogas e pagar as dívidas contraídas por causa do vício. Ensinar-me a profissão era algo que estava em último lugar em sua lista de prioridades. De repente, meu diretor de notícias da Filadélfia pareceu-me uma pessoa fácil de lidar.

Lembro-me muitíssimo bem de algumas de nossas primeiras reportagens. Minha produtora não me respeitava e não se importava em me demonstrar isso — aliás, parecia que queria que todos também soubessem. Sempre que estávamos filmando, eu fazia sugestões: "Por que não filmamos isso?" ou "Por que não iniciamos a entrevista aqui?" Afinal, eu tinha alguma experiência em produção. Em resposta, ela erguia a mão e fazia um gesto bem teatral para desligar seu aparelho auditivo, "fingindo" que não tinha ouvido — o que queria dizer que *eu* não poderia ter nada de útil a oferecer.

Quando voltávamos ao escritório, eu escrevia o texto da reportagem e lhe entregava para edição. Ela lia, fazia uma cara azeda e começava a reclamar: "Esse roteiro está uma #*@*%! Você acabou com a matéria no terceiro parágrafo. Bem, isso entra aqui. Sempre ponha o predicativo no início da sentença. Não anuncie o que vai ser dito depois, usando as mesmas palavras. E não me diga que estou vendo uma maçã. Isso é televisão, a maçã está na minha cara, entendeu? Se a imagem mostra o pai chorando, não diga que o pai está chorando. Conte o que soube sobre esse pai e o que atraiu você para a história dele." Ela cortava pedaços enormes do roteiro com rabiscos de caneta vermelha e gritava: "Isso é bláblábláǃ" Desenhava setas para mudar a ordem das orações. Depois, ela me mandava de volta para o meu cubículo, onde eu passava um bom tempo reescrevendo, reescrevendo e reescrevendo até ouvir finalmente: "Sim. Isso não é mais bláblábláblá. Está compacto. Agora posso usar como trecho de reportagem."

Nas minhas locuções em *off*, ela gritava: "Isso está parecendo um quadro do *Saturday Night Live*!" Quando éramos designadas para reportagens de entretenimento: "Você está afundando a minha carreira!" Ela me perseguia pela sala da redação berrando: "Precisão. Sem precisão, não temos nada, #*@*% nenhuma!" Ela me expulsava da sala de edição: "Sai daqui, me deixa em paz. Estou trabalhando na sua imagem!" E foi o que ela fez. Eu assistia, e aprendia.

Passávamos tanto tempo juntas que eu sabia que, em algum momento, ela teria de conversar de verdade comigo. Por isso, apenas esperava. Mantive meus ouvidos atentos quando, um dia em que estávamos no carro, ela comentou com o câmera que não conseguia parar de pensar em drogas nem dormir à noite. Foi quando percebi que manter-se limpa era, para ela, uma penosa luta diária, algo muito mais difícil que minha lida diária na TV. Eu abaixava a cabeça, observava, continuava a aprender com ela.

Mas logo isso mudou. Um dia, ela irrompeu em meu escritório, bateu a porta e gritou:

— Não aguento mais. Vou sair e me drogar.

— Não seja ridícula! — gritei de volta. — Você não sabe a

coragem que tem? Você não sabe que é preciso muita coragem para fazer o que você está fazendo?

— Não tenho coragem nenhuma. É muita pressão. Não vou conseguir.

— Vai sim. Corre logo para uma dessas reuniões anônimas que você frequenta.

E ela foi. Acho que nesse momento aceitamos que nós duas tínhamos de provar algo para nós mesmas e para a empresa para a qual trabalhávamos — mas que não tínhamos de provar nada uma para a outra. A partir desse dia, cada uma de nós se recusava a deixar que a outra fosse vencida por seus medos, e nossa confiança cresceu.

Fomos em frente e nos tornamos uma equipe imbatível. Ela ainda riscava meus roteiros e gritava: "Bláblábláǃ Muito bláblábláǃ" Mas ríamos disso — e todos no escritório riam também. Foi assim que, trabalhando e rindo de nós mesmas, nós crescemos juntas: enquanto eu me aprimorava no mundo das notícias, ela se aprimorava na vida. Viajamos pelo planeta cobrindo todo tipo de acontecimento: assassinatos, convenções políticas, Olimpíadas, o festival de cinema de Cannes. Não há reportagem que não tenhamos feito.

Até boxe. Quando nosso chefe nos designou para cobrir a luta entre Marvelous Marvin Hagler e Roberto Duran, em Las Vegas, pelo campeonato mundial de peso médio, a conversa foi assim:

— Vocês sabem alguma coisa de boxe?

— Não. E você?

— Nadinha.

— Então vamos em frente!

Em Las Vegas, minha produtora se certificou de que o editor designado para nós fosse o especialista em boxe do escritório. Como não tínhamos os direitos de transmissão da luta, levou também um fotógrafo e conseguiu que as fotografias fossem reveladas imediatamente para que pudéssemos cumprir o prazo matinal da Costa Leste e apresentar meus comentários sobre a luta. Comentário sobre a luta? Como eu poderia comentar uma luta?

Na maioria das profissões, a gente aprende pondo a mão na massa. Mas, no mundo das notícias, o aprendizado precisa ser instantâneo. Somos jogados no trabalho e já temos que botar para quebrar. O negócio é ir fazendo as perguntas certas para as pessoas certas, ouvindo e aprendendo o tempo todo.

Ao chegar ao Caesar's Palace (fui sozinha, pois tínhamos apenas um passe de imprensa), logo quis abordar os repórteres que cobrem boxe como meio de vida. Aproximei-me de vários deles sentados ao lado do ringue, gente conhecida como Dick Schaap, da ABC News, e os camaradas da *Sports Illustrated*. Pedi ajuda técnica para descrever a luta: "Por favor, vocês poderiam escrever aqui neste papel algumas coisinhas

— quem golpeia quem com um golpe de esquerda ou com um direto no queixo em que assalto? Agradeceria muito qualquer ajuda. Venho buscar o papel quando a luta terminar." Eles acharam aquilo divertido. (Aprendi que quem é mesmo bom no que faz não é mesquinho, mas costuma ser generoso com seus dons.)

Aquela luta foi considerada "a luta do ano", e, sem dúvida, para mim também. Quinze assaltos de fúria — exatamente o que acontecia na sala de edição. Estudamos as notas com nosso editor e imaginamos os destaques — por exemplo, no primeiro assalto, Hagler pegou Duran com um golpe de direita; no 12º assalto, Duran acertou Hagler com duros golpes de direita. O editor casava o texto com as imagens, nós incrementávamos a emoção do espetáculo com minhas observações e, assim, cobrimos toda a luta. O resultado foi surpreendente e deu tudo certo. A propósito, naquela noite, nosso equipamento de edição foi instalado em um banheiro da estação de Las Vegas. Tive de gravar minha narração nos intervalos de silêncio, entre uma descarga e outra. Como vocês sabem, há glamour de sobra na televisão.

No fim, Marvelous Marvin manteve seu título — e minha maravilhosa produtora e eu cobrimos mais duas lutas de boxe para nosso programa.

Depois de todos esses anos, ainda somos amigas íntimas, e ainda digo que boa parte do que sei como apresentadora foi aprendido com ela. Na verdade, eu era funcionária da CBS News, mas trabalhava para ela. Ela me desafiava, encorajava, orientava — e, quando eu confundia tudo, ela gritava comigo, em geral usando a famosa palavra de cinco letras que começa com M. Ela me advertia a respeito das tentações, das armadilhas e do campo minado que é a ética. Mas também atiçava aquela chama em meu interior: cavar a história, encontrar a verdade e, depois, contá-la ao público de forma acurada, engenhosa, ética e boa. Ela me ensinou a fazer isso, e, até hoje, tento ser fiel a esses princípios. Não tenho dúvida de que, se não tivesse tido a humildade de pedir a ajuda dela diversas vezes — e que se não a tivesse *ouvido* quando me aconselhava — não teria sobrevivido aos meus primeiros anos no ramo do noticiário televisivo. Ainda hoje, quando tenho dúvidas e preocupações — e tenho muitas —, peço orientação. Minha produtora continua a ser uma de minhas melhores amigas e tenho muito orgulho por ela continuar afastada das drogas até hoje.

LIÇÃO

Deus põe mentores em seu caminho. Talvez eles não sejam parecidos com você, nem falem como você ou sejam como você espera. Todavia, eles sabem mais que você, e esse é o ponto. Aproveite. Tudo bem se você não encontrar um mentor no início da sua carreira. Fique atento. Em algum momento, os mentores atravessarão seu caminho. Eles transmitem as lições que você precisa aprender. Como a do próximo capítulo.

SEU COMPORTAMENTO TEM CONSEQUÊNCIAS

4

Bem-vindo à vida adulta. Seus pais, seus amigos, a sociedade, ou mundo dos negócios: ninguém é responsável por sua conduta, a não ser você mesmo. Você não é uma vítima. O fator determinante da sua vida é você. E nunca é muito cedo para organizar-se no aspecto ético.

Seja firme em relação ao que você acredita. Seja firme em relação a quem você realmente é — o lado positivo e o negativo. Decida o que você fará e o que não fará para seguir adiante. Escolha aquilo com que você consegue conviver e com que não consegue. Acredite, essa é uma questão muito importante. Seu trabalho testará sua ética — e, dessa forma, *ensinará* ética a você — todos os dias.

Encaremos os fatos: a vida depois da faculdade é muito diferente. Você está no mundo real em tempo integral, e as pessoas esperam que você aja de acordo. Mas você não é um pedaço de cortiça à deriva em um oceano selvagem e perverso, lançado para lá e para cá ao bel-prazer de poderes que estão fora do seu controle — mesmo que pareçam estar. A ética do outro não tem de ser a sua. Sim, você tem de aprender as regras do compromisso no campo de atividade que escolher seguir. Todavia, você pagará um preço alto se ignorar o que sabe ser a diferença entre certo e errado. E não falo apenas de perder o sono.

Acho bastante seguro afirmar que, se você tem um ótimo emprego, alguém mais também está de olho nele. O que você fará para manter esse emprego maravilhoso? Até onde você irá para mantê-lo? Questionei-me sobre isso depois de algum tempo na CBS News.

Enquanto eu melhorava meu desempenho no ar, havia uma conhecida âncora que, por acaso, também era minha amiga. A emissora, como sempre, fez uma grande divulgação sobre a contratação da minha amiga. Contudo, ela não conseguiu o índice de audiência desejado. Não foi surpresa entre o pessoal do noticiário da manhã — um moedor de carne que tritura os profissionais e depois joga fora — que a rede queria que ela saísse da emissora. Eles realmente deveriam dizer isso para ela, sem rodeios. De repente, comecei a ser designada para histórias que seriam dela. Sabia que o objetivo era fazer com que minha amiga se sentisse insegura. Eles me puseram ao vivo bem ao lado dela, em sua mesa de âncora

— minha presença era um trunfo da emissora para pressioná-la e ameaçá-la. Esses chefões do mundo das notícias esperavam que essa mulher se curvasse à pressão e saísse do emprego de livre e espontânea vontade. E eu era obviamente a âncora à espreita, pronta para ocupar a cadeira dela. Aprendi que esse tipo de manobra é uma operação padrão de muitos executivos de emissoras de televisão, que surgem com estratégias prontas como solução rápida para o problema para logo se esquecer do assunto.

Mas eu era tão novata nesse jogo que tudo isso me impressionou muito. Fui até um deles e desabafei: "Sabe, esse não é o meu estilo. Quero o emprego, mas não desse jeito."

Bem, não sou a Madre Teresa. Admito que gostei de ter mais tempo no ar e da atenção que recebi. E teria sido tão fácil racionalizar: essas pessoas têm cargos poderosos na rede porque são mais velhas e mais sábias que eu, e essa atitude é o padrão nesse ramo. Mas isso não é verdade. Não posso culpar o chefe nem o negócio quando ultrapasso a linha da ética. Se meu instinto informa que algo é errado, esse é o sinal para *não fazer*. Quando *sei* que algo é errado e mesmo assim *faço*, não posso, depois, culpar a cultura corporativa para tirar o peso dos ombros. A pessoa responsável por meus atos *sou eu*.

Conclusão: recusei-me a pressionar minha amiga. Ela, de qualquer maneira, saiu, mas nunca fiquei sem graça de olhá-la nos olhos nem senti que fiz alguma maldade com ela. E as pessoas que me pediram para fazer aquelas coisas? Nenhuma delas manteve aqueles excelentes empregos.

Eis outro caso para ilustrar meu ponto. Anos depois, um produtor enviou-me para prosseguir com uma reportagem na qual havíamos trabalhado juntos. Depois de um mês de levantamento, contactei os participantes da reportagem para combinar as tomadas. Eles revelaram oficiosamente que o produtor comprara os direitos da história deles com o fim de tentar vendê-la para a televisão. Uau! Percebi, no mesmo instante, que ele estava usando a mim e ao programa para promover seu projeto para a televisão. Sabia que isso era errado. Na verdade, não *podíamos* fazer reportagens para ganho pessoal — e o instinto do produtor também deve ter lhe dito isso, pois manteve o projeto em segredo. Fiquei magoada e confusa. Também fiquei furiosa, pois, se pusesse meu nome e minha cara na reportagem, as pessoas pensariam que eu sabia do arranjo e fechara os olhos para isso. Desliguei-me da tarefa na mesma hora. Consequência: morreu uma grande reportagem, um relacionamento de trabalho ficou comprometido e a reputação do produtor sofreu um golpe — e a reputação, no negócio de notícias como em qualquer outro, é tudo.

Todos nós desenvolvemos nossos próprios padrões éticos, estabelecendo exatamente onde fica aquela tênue linha que não podemos atravessar. E meu instinto me diz que há mais em jogo que apenas o certo e errado. Devo isso ao meu sangue irlandês, com certeza, mas também acredito que tudo o que vai acaba voltando e lhe dá uma rasteira. Por isso, fique atento.

À medida que aumenta a competição no ramo de notícias, a pressão fica muito intensa. Surgem mais programas, mais produtores, mais pessoas como eu competindo pelo mesmo grande "furo". A tentação de derrubar alguém é quase insuportável. Por exemplo, tentar conseguir que o sujeito fale comigo, e não com ela: "Ah, você não vai gostar de comparecer ao programa *dela*. Não tem muito prestígio! Minha audiência é bem maior! De qualquer modo, ela não vai se importar se você vier primeiro ao meu programa." Acredite ou não, às vezes, isso acontece entre gente famosa e muito bem paga competindo pelas melhores entrevistas.

Bem, não quero que pensem que sou mais santa que os outros. Para ser honesta, já me entreguei a estas conversas: "Se não fizer meu programa primeiro, esquece. Não chamo mais você." Esse tipo de manipulação já saiu da minha boca mais vezes do que gostaria de admitir. Na verdade, só comecei a prestar atenção ao que digo quando uma jornalista famosa me contou o que outra jornalista famosa afirmara sobre *ela*. Decidi que não quero angariar vantagens depreciando meus competidores.

Como deixar que o instinto informe a postura mais ética? Você já sabe como fazer isso. As lições éticas e espirituais que aprendeu com seus pais, seus professores e sua religião são internalizadas e estão presentes, orientando você ao longo da vida. Se você vai escutá-las é outra história. Quando a pressão é intensa, é preciso reservar um tempo para parar e conversar consigo mesmo, refletir sobre qual é a sua ética, sobre o que lhe ensinaram.

E esse processo nunca termina. Por isso, precisamos de mentores. Eles não ensinam só como fazer nosso trabalho, mas também ensinam os princípios éticos específicos da nossa profissão. Quando entrei na CBS, fizeram-me ler e reler o *Manual de padrões e práticas da CBS News*. E, como minha louca produtora extrapolava as lições, ameaçando-me o tempo todo com a lembrança desses padrões, logo aprendi o que é certo e errado na prática jornalística.

— Não encene nada na história. Nós apenas registramos o que acontece, não fazemos acontecer.

— Não diga a ninguém que está fazendo uma história sobre uma coisa quando, na verdade, é sobre outra coisa.

— Não deixe que o sujeito da história lhe dê presentinhos.

— Não... não... não... — esse foi meu alicerce.

Escolha como companheiros em sua jornada profissional aqueles cuja trajetória de vida e escolhas éticas você admire.

E, se ficar inquieto com algo que lhe pediram para fazer — algo duvidoso ou questionável —, pergunte! Essas pessoas lhe fornecerão os princípios éticos adicionais e os indicadores espirituais de que você precisa enquanto busca o sucesso.

Às vezes, parece que seus professores aparecem mesmo sem serem convidados. Depois de algum tempo na CBS, fiz algumas peças para um programa de variedades, que, hoje, já não está mais no ar (mais um). Naquele dia, estávamos em uma área reservada aos *trailers*, no condado de Orange, Califórnia, tão antiga que datava da época em que a região era uma imensa plantação de laranja. Contudo, naquela época, os incorporadores estavam se apossando da terra e expulsando as pessoas. Em uma reunião noturna dos residentes, um dos organizadores anunciou: "Temos uma visitante muito especial entre nós — Maria Shriver da CBS News." Os aplausos e gritos animados soaram como um sinal para ir à frente e fazer um breve discurso. Ao estilo de campanha do Partido Democrata, corri desenfreada para a frente da sala sob a incontida ovação. Disse-lhes como estava contente em poder divulgar o lado deles da história, que eles estavam sendo maltratados pelos grandes incorporadores e que eram o povo desprotegido cuja voz merecia ser ouvida. Fui ovacionada de pé. Afogueada pela vitória, voltei para junto de minha equipe no fundo da sala.

Depois disso, o câmera — homem de notícias veterano, um dos primeiros câmeras eletrônicos dos Estados Unidos — puxou-me para fora.

— *Nunca* mais faça isso. Você é jornalista, não política. Você não está aqui para promover a causa de ninguém. Você está aqui para conseguir o lado da história do povo, depois conseguir o lado da história dos incorporadores e, por fim, contar a história de forma honesta e imparcial e ir embora. É isso aí. Eles não a aplaudiram porque você é uma ótima repórter. Eles a aplaudiram porque você é uma celebridade. Sua atitude não foi nada profissional. Não faça isso de novo.

Sei que, se ele não se importasse comigo, poderia ter gravado aquele pequeno desastre e conseguido que eu fosse despedida. Ele não fez isso — e aprendi mais uma lição com mais um professor amoroso.

As lições de vida que mais me inspiraram confiança foram as que tive com meus pais. Se soubesse como precisaria delas em minha atividade profissional, teria prestado ainda mais atenção. Meu pai sempre foi muito respeitado porque se conduziu com inteligência, humor, dignidade e classe. Foi ele quem me ensinou que nunca vale a pena apunhalar alguém pelas costas a fim de prosperar. Afirmava que o talento e a inteligência sempre vencem, que você, se for bom, conseguirá um excelente trabalho. Enfatizava que eu nunca deixasse que um ego inflado tomasse as decisões por mim. Essa é uma recomendação difícil para uma pessoa impulsiva como eu, pois impulsividade e ego costumam andar juntos. Ele me ensinou a buscar sempre a companhia de pessoas honestas o bastante para me comunicar quando meu ego excessivo estiver prestes a tirar vantagem de mim.

Minha mãe me ensinou a ser persistente e tenaz; a forjar meu caminho por entre problemas e obstáculos. Assim como meu pai, ela é defensora da honestidade e da responsabilidade. Ensinou-me com palavras e exemplos que, quando erro, tenho de admitir meu erro e assumir a responsabilidade, em vez de culpar outra pessoa, e seguir em frente.

Meus pais também me introjetaram uma sólida ética de trabalho. Ensinaram-me a respeitar e admirar as pessoas que trabalham duro, às vezes 24 horas por dia, em dois ou três empregos, para sustentar a família. Minha mãe sempre dizia: "Você tem sorte de ter emprego e de fazer algo que ama."

Meus pais também infundiram em seus filhos a dedicação ao serviço comunitário — como um ato de agradecimento pelo que recebemos. Na década de 1960, meu pai iniciou o Peace Corps [Corporação da Paz], o Job Corps [Corporação de Trabalho] e Head Start [Vantagem Inicial], entre outros programas. Minha mãe foi contra todas as limitações impostas aos portadores de necessidades especiais e foi pioneira ao abrir a Olimpíada Especial. Todos os programas dos meus pais oferecem oportunidades de trabalho voluntário, quando podemos nos envolver e compartilhar o que temos em abundância. Essa é uma tradição familiar que enriquece nosso espírito. Meu marido e eu tentamos passar essa dádiva para nossos filhos — para que eles cresçam centrados no mundo, e não em si mesmos, e com um coração generoso como o dos avós.

Minha mãe também semeou esta mensagem em mim: "Não dependa da sua aparência." Sempre que alguém elogiava minha beleza, minha mãe logo vinha atrás dizendo que o mundo está cheio de mulheres atraentes, que a boa aparência logo se esvai, e que era melhor contar com a cabeça se quisesse realizar alguma coisa na vida. Bem, não resta dúvida de que minha aparência de fato me ajudou. Na televisão a boa aparência sempre ajuda. Mas acredito que a sobrevivência na TV só é possível com coragem, persistência, inteligência e cuidado com a reputação. Você não consegue sobreviver se quiser cortar caminho, se mentir ou distorcer a verdade.

LIÇÃO

A situação não deve ditar a ética. O fim (o emprego sonhado) não justifica os meios (apunhalar um colega). Sei que essa ênfase parece fácil para mim, hoje; afinal, se eu for despedida por abrir minha boca grande, ainda terei alimento à mesa. Contudo, acredito que todos nós crescemos e progredimos quando trabalhamos, de forma consistente, de acordo com os princípios em que acreditamos — e quando trabalhamos com pessoas que acreditam nas mesmas coisas e se comportam da mesma maneira. Quando ultrapassamos o limite do que é certo, pomos em risco nome e reputação. E o nome é mais importante que a promoção, o dinheiro ou o grande negócio. Seu nome é quem você é. Não abra mão dele por tão pouco.

ESTEJA DISPOSTO A FRACASSAR

5

Sinto muito ter de ser franca dessa maneira, mas muitos de vocês terão algum fracasso na vida. Muitos deixarão de alcançar alguns de seus objetivos ou terão de abandonar alguns sonhos atuais. Todavia, é muitíssimo importante entender que o *fracasso faz parte do processo de aprendizagem*. O medo de fracassar pode paralisar você. Talvez você se sinta seguro evitando correr o risco de parecer ridículo, inepto ou até mesmo estúpido, mas também não sairá do lugar. Ao evitar o fracasso, você também evita as riquezas da vida. E o que acontece se você fracassar? Isso pode ser bastante libertador. Na verdade, descobri que a maioria das pessoas que alcançou sucesso também vivenciou alguma grande derrota. Gostaria que alguém tivesse dito *isso* no dia da minha formatura. Pelo contrário; disseram-me que podia ir em frente e fazer o que quisesse, ser quem eu quisesse sem encontrar desvios nem guinadas em meu caminho.

A mensagem por trás dessas afirmações era: se você fracassar, a culpa e a vergonha são suas. Bem, isso não é verdade.

Lembre-se, meu primeiro grande objetivo ao sair da faculdade era ser âncora em uma rede de noticiário. Bem, realizei esse sonho em 1985, oito anos depois de me formar, quando me tornei coâncora do *CBS Morning News*. Lembro-me de cada minuto desse trabalho de forma tão clara como quando o vivi.

Você não pode imaginar como estava entusiasmada em ser âncora daquele noticiário. Também significava muito ter os mesmos ganhos e direitos que meu coâncora, Forrest Sawyer. Na minha mente, eu estava na trilha certa. Agora que tinha esse emprego, nada podia me deter. Por fim, era membro do clube de elite de apresentadoras de programas nacionais matutinos — e isso, para mim, era o paraíso.

Na verdade, estava com a cabeça tão nas nuvens que esquecera as brutais manobras de bastidores que os executivos das redes de televisão praticam aqui na Terra. Bem, não era uma *completa* idiota. Sabia que quando Forrest e eu assumimos o *CBS Morning News*, o programa estava em terceiro lugar no índice de audiência, atrás do *Good Morning America* e do *Today*. Sabia que éramos novatos substituindo profissionais muito mais experientes que nós — nomes maiores que nunca foram capazes de puxar o programa para o primeiro lugar. Contudo, presumi que teríamos uma oportunidade justa e que lidariam com a situação de forma direta e honesta. Adivinhe: ainda era ingênua.

Tentei não prestar atenção demais às críticas. Minto. Não dava para deixar de prestar atenção nesse texto do *Washington Post*:

> Forrest Sawyer [...] é parceiro do cabelo de Maria Shriver. Parece que Shriver não se importa muito com a resposta às muitas perguntas do programa, exceto "Onde está minha escova de cabelo?" e "A que horas Arnold deve chegar?" Ela se apresenta murchando as bochechas em um movimento de sucção, e acaba ficando como aqueles personagens de história em quadrinhos que são esmagados até parecer disformes.

Pessoal a esse ponto? Tudo beeeeeem! Crítica de cabelo. Era isso que tínhamos de enfrentar. Era terrível, mas tentei ficar acima — como quem se equilibra em uma pequena jangada sobre corredeiras agitadas e rápidas. Achei que ia ser só um emocionante passeio...

Emocionante, era. Durante aquele ano, fui âncora do noticiário da manhã, e havia três diferentes produtores executivos, dois homens e uma mulher, um tentando sobressair mais que o outro: três diferentes programas de trabalho, três diferentes conceitos de organização do programa e três planos diferentes para nos transformar em âncoras mais atraentes e interessantes. Em comum, achavam que Forrest era muito formal e queriam que ele se soltasse; quanto a mim, queriam uma repaginada total — começando, claro, pelo meu cabelo, que ganhara os noticiários do *Washington Post*.

— Seu cabelo está muito comprido. Corte. Ele distrai o espectador.

— Seu cabelo está muito escuro. Loiro combina mais com café-da-manhã.

— Seu cabelo aparece demais. Seus olhos, sua voz: é tudo *demais* para a manhã.

— Não ria no ar. Isso não é profissional.

— Sem cores vivas. Você é muito ameaçadora para as mulheres.

Como você pode imaginar, senti-me um pouco insegura com tantas mudanças. Mas, como eram os produtores que dirigiam os grupos-alvo e faziam as pesquisas de audiência, imaginei que sabiam o que estavam fazendo. Tentei manter uma atitude positiva. E, de alguma forma, ao longo do ano, com toda essa administração tortuosa, ainda alcançamos índices acima dos anteriores. Estava orgulhosa do meu trabalho, estava envolvida e crescia.

Depois de ficarmos na berlinda por quase um ano, a emissora enviou a Londres toda a equipe do noticiário matutino para cobrir o casamento real do príncipe Andrew com Sarah Ferguson. Foi no verão de 1986, e lembro-me muito bem de tudo — não só porque foram horas e horas assustadoras de transmissão ao vivo, porque tivemos grandes convidados, ou porque o programa era animado, inteligente e interessante. Lembro-me por causa do que aconteceu depois das gravações.

Em uma reunião com toda a equipe no escritório de Londres, congratulamo-nos e especulamos quanto tempo duraria o casamento real. O que não imaginávamos era que o casamento duraria mais que nós.

O presidente da rede foi ao escritório de Londres e, seguindo a consagrada tradição de todos os profissionais do ramo, parabenizou-nos por nosso trabalho, elogiou toda a equipe e foi embora. Mais tarde, no mesmo dia, recebemos uma mensagem — enviada por fax! — de que o *Morning News* estava cancelado. Não apenas Forrest e eu, mas todo o maldito programa. Uma verdadeira bomba. Como a frase de alguém que conheço: "Hasta la vista, baby."

Observação: chefes e colegas mentem para você. Alguns mentem até mesmo na sua cara — uma ideia muitíssimo chocante para mim quando relembro esse evento. Chame-me de ingênua — ou, melhor ainda, de idiota —, pois deveria ter tido o pressentimento do fim do programa quando, meses antes, esta nota saiu no jornal:

> A apresentadora recém-casada Maria Shriver, co-âncora do *CBS Morning News*, pensa em se afastar definitivamente do emprego, de acordo com fontes do alto escalão da rede, por "motivos pessoais": está ansiosa para deixar o trabalho e voltar à Costa Leste, para passar mais tempo com o marido. Ainda de acordo com funcionários da emissora, a administração da CBS News não tentou demover a jornalista de sua decisão.

O quê? Fiquei atônita. Nunca tivera essa conversa com ninguém, jamais dissera tal coisa, sequer pensei em sair da CBS. Onde eles conseguiram essa história? A nota do jornal certamente não era obra do acaso. Questionei meus chefes sobre a notícia, e eles fingiram-se — "fingir" é o verbo adequado aqui — chocados. Declararam que também não conseguiam imaginar de onde o jornal tirara aquela história. Ah, tudo bem, disse a mim mesma, isso não deve ser verdade; portanto, vou deixar para lá. Sim, certo. Era ingênua demais também para concluir que o "vazamento" dessa informação tinha espirrado direto da mesa dos meus chefes. Houve até mesmo outra nota, pouco tempo depois da primeira, de uma suposta declaração de um deles:

> Estamos muito otimistas em relação ao *Morning News* com Maria Shriver e Forrest Sawyer. Não vejo motivo para modificações na equipe.

Na época, quando a li, tranquilizei-me: *Viu? Eles amam a gente.*

Meses depois, esse mesmo camarada foi o responsável por minha demissão. Fiquei arrasada, humilhada e furiosa. Nunca havia sofrido nada igual. Claro, houve pequenos reveses — como minha experiência com o som, por exemplo. Mas minha demissão era um fracasso público. O cancelamento do programa saiu nos jornais de todo o país. Claro que aprendi com minha família que os políticos perdem eleições para logo voltar à arena política, mas esse processo no noticiário televisivo parecia bastante *definitivo*. Estava mortificada. Meu ego ficou aniquilado. Como isso poderia acontecer *comigo*? A todo lugar que ia, achava que as pessoas evitavam meu olhar. Tinha uma doença contagiosa: fora descartada! As pessoas tratavam-me como se tivesse sido acometida pela peste. Pelo amor de Deus, elas tinham pena de mim! O que faria agora?

O trabalho dos meus sonhos se fora. Tinha certeza de que minha carreira, se não minha vida toda, acabara ali.

Sei que isso soa muito melodramático, mas foi como me senti na época. Achava que estava acabada e tenho bastante certeza de que os outros também achavam. Mas logo descobri que estava errada. Comecei a ouvir histórias parecidas. Por terem passado pelo mesmo que eu, as pessoas começaram a se abrir comigo. Walter Cronkite contou que, quando foi "aposentado" do *CBS Evening News*, achou que era o fim da carreira. Como sabemos, estava enganado. Barbara Walters, que era coâncora do *ABC World News Tonight*, narrou-me o que aconteceu quando saiu do programa: liberada do contrato, pôde galgar posições muito maiores e seu grande sucesso continua até hoje. Muitos profissionais bem-sucedidos comprovaram que o fracasso os fez amadurecer emocionalmente e se fortalecer espiritualmente. Isso leva tempo, mas acontece.

Ser mandada embora me tornou uma profissional destemida. Aprendi a seguir meus instintos, a ser eu mesma no direcionamento da minha carreira. Na verdade, senti que depois do cancelamento meu desempenho no *Morning News* até mesmo melhorou.

O programa, o horário e tudo o mais foi entregue pela CBS News à divisão de entretenimento. Tivemos apenas mais um mês no ar. Nesse tempo, deixei de me preocupar com a opinião dos poderosos sobre meu trabalho ou sobre o que estávamos fazendo. Perdera todo o respeito por eles. Estava afinal livre para ser *eu* no ar, e senti-me ótima com isso. Se Forrest e eu estivéssemos interessados em entrevistar a mesma pessoa, fazíamos a entrevista juntos — algo considerado inaceitável no programa, mas não ligávamos mais para isso. Se a entrevista estava correndo bem, deixávamos que ultrapassasse o tempo previsto. Agíamos de modo mais natural e passamos a improvisar bem mais. Muitos declararam que não entendiam o fim do programa. Nós também não.

O último dia do *Morning News* foi muito emocionante para toda a equipe, que havia atravessado tantas batalhas no mundo das notícias. Forrest deu-me um bracelete com a gravação: "Para minha companheira de guerra." A administração ofereceu-me outros trabalhos na CBS, mas àquela altura eu só queria sair de lá. Quando anunciamos o fim das transmissões do programa, atravessei as portas da CBS Broadcast Center na 57th Street para nunca mais voltar.

Voltei para casa, em Los Angeles, derrotada, desmoralizada e deprimida — mergulhada em um poço de autocomiseração. Todavia, tinha aprendido que, quando fracassamos, é importante crescer com a experiência. Use a. Não deixe que o defina nem que o destrua. Acima de tudo, não deixe que o paralise. Levante a cabeça, espane seu ego e faça o que está com mais medo de fazer: suba à sela novamente e cavalgue.

Um mês depois, consegui um emprego na NBC News com um salário 70% menor. Voltei a ser repórter. Era como recomeçar tudo — e, dessa vez, sem a garantia da minha produtora e mentora por perto. Estava determinada a subir de novo a ladeira, tanto quanto à posição como ao salário e, basicamente, consegui ser bem-sucedida nesse intento. Ainda que nunca alcançasse a proeminência, a visibilidade e as horas no ar que tive no *Morning News*, consegui que meu salário alcançasse o mesmo patamar — e recuperei o respeito por mim mesma.

Todavia, o melhor de tudo é que hoje sou uma pessoa diferente por causa desse fracasso. Aprendi a lidar com o desapontamento e a rejeição. Aprendi a manter a cabeça erguida e a seguir em frente. E, hoje, se alguém sugerir que mude meu cabelo, que altere minha voz — ou, pior, que ultrapasse a linha da ética por causa de uma história —, respondo "NÃO" com firmeza e certeza em meu íntimo. Afinal, o que podem me fazer? Despedir-me ou cancelar meu programa? Já estive nessa situação e já fizeram isso comigo. E quer saber mais? Outros profissionais eficientes e capazes passaram pela mesma experiência.

Hoje, costumo perguntar aos entrevistados qual foi seu maior sucesso e seu maior fracasso. Os fracassos são muito mais elucidativos para o caráter que os sucessos. Costumo ouvir que o maior fracasso consiste em permitir que a vida pessoal se desintegre ou sucumba no caminho para o sucesso profissional. É a honestidade dessas pessoas que me ajuda a manter o foco em minhas prioridades, naquilo que quero para minha vida.

LIÇÃO

Antes do fracasso, meu trabalho era o foco da minha vida. Era para onde eu dirigia o melhor de minha energia, minha inteligência e meus esforços. Jamais cometerei esse erro de novo. Constatar que, de repente, podia perder o emprego, que podia ser substituída de uma hora para a outra, que a empresa não teve nenhuma dificuldade em continuar sem mim — tudo isso me deixou determinada a não fundamentar minha identidade na carreira. Hoje, o trabalho ocupa uma parte grande e satisfatória da minha vida, mas ele não é quem sou. A pessoa que sou hoje é muito diferente daquela que fui antes de fracassar, e jamais trocaria essa experiência por nada deste mundo. O que não quer dizer que foi agradável. Por falar nisso, dane-se o que o Washington Post *disse sobre o meu cabelo.*

A MULHER-MARAVILHA ESTÁ MORTA... E TALVEZ O SUPER-HOMEM ESTEJA TOMANDO VIAGRA

6

Nem todos, é claro. Meu marido quer que você saiba que ele é, sim, um super-homem e que não existe Viagra em um raio de oitenta quilômetros de distância de nossa casa. Mas, falando sério, a Mulher-Maravilha morreu, e isso significa que você *não pode* fazer tudo — e, ainda mais importante: *você não tem de fazer tudo*.

Não dá para ter uma carreira sensacional, bem-sucedida e eficiente e, ao mesmo tempo, ganhar o prêmio de mãe do ano e ser esposa e amante extraordinária. Ninguém consegue. Se vir mulheres bem-sucedidas e deslumbrantes em capas de revistas declarando que fazem tudo isso, acredite, você não sabe de toda a história.

As mulheres vêm se torturando — e se prejudicando — há mais de vinte anos com a Ilusão da Mulher-Maravilha e, em minha opinião, isso tem sido prejudicial. Quando me formei na faculdade, dizia-se que a oportunidade de ouro estava ao alcance de todos. Eu tinha plena convicção de que, se me aplicasse, seria como Barbara Walters no trabalho (em meus sonhos) *e* a Mãe Terra em casa (sempre presente, sempre paciente, sempre afetuosa, e ainda disposta a arrumar a cama), *além de* me vestir como uma modelo o tempo todo (nada de pijamas) *e* ouvir *rock-and-roll* com meu marido à noite. E, acredite, se Martha Stewart* aparecesse na época, eu iria jurar que seria uma excelente cozinheira.

Mas, como minha mãe me ensinou, *a vida é uma maratona*. É uma verdadeira prova de resistência. Antes eu ficava louca com minha mãe por não ser boa o suficiente em nenhuma área de minha vida. Ela me consolava: "Maria, você pode ter e ser tudo o que quiser. Você tem a vida toda para isso. Não tente fazer tudo de uma vez, porque não vai conseguir. Se tentar, todos à sua volta vão sofrer — principalmente você." Levei muito tempo para começar a interiorizar essa sabedoria.

Você talvez pergunte: "Do que é que Maria está falando? Ela tem tudo e *faz* tudo." Bem, isso não é verdade. Não faço tudo. Minha carreira não é fora de série como a de Barbara Walters, Diane Sawyers ou Oprah Winfrey. E vejo mulheres na escola de meus filhos que põem June Cleaver** *e* Martha Stewart no bolso. Meus filhos falam de mães de amigos que

---

* Apresentadora de um programa de culinária nos EUA.

** June Cleaver é uma personagem do seriado americano *Leave it to Beaver*.

costuraram suas fantasias para o *halloween*. Tenho uma profunda admiração por essas mulheres. Eu não consigo colocar uma linha na agulha. As mães de outras crianças preparam jantares finos todas as noites. Minha especialidade é pipoca de microondas. Esqueça esse negócio de conhecer a matemática moderna antes de seus filhos ou de ser realmente ativa na reunião de pais e professores. Como meu marido costuma dizer, a impressão que dá é que nada em casa está como ele esperava.

Existem tantas áreas em que não posso alegar competência, muito menos domínio. Mas aprendi a ser competente em algumas coisas no tempo que tenho e pedir ajuda para o restante. O mais importante é não me torturar. Se, independentemente do que eu faça, eu disser para mim mesma que não está bom o suficiente, a situação fica impossível. Tenho de parar de me considerar incapaz.

Para isso, a primeira coisa que você deve fazer é parar de se comparar com outra pessoa. Trata-se de uma comparação impossível e sempre desvantajosa: seu desalento (interior) *versus* a aparência (exterior) da outra pessoa. A decepção é certa. As mulheres, em particular, sabem do que estou falando: muitas vezes nós nos comparamos com outras mulheres *só* para nos sentirmos mal.

Aqui está a receita de Maria para você se sentir mal consigo mesmo: escolho com cuidado, como base de comparação, alguém que tenha uma carreira brilhante. Depois ignoro qualquer outro problema que essa pessoa tenha, qualquer sacrifício que tenha optado fazer. Em seguida, ignoro qualquer um de meus trunfos — os talentos, dons e habilidades que Deus me deu. Por fim, coloco minhas expectativas para mim mesma muito acima do que sou capaz de fazer. E pronto! Eu me sinto um lixo. Esta é uma receita para a depressão. Comparar-se com outras pessoas raramente contribui para o aperfeiçoamento pessoal. Normalmente, contribui para fazer com que você se sinta sem esperanças. Vencer essa tendência tem sido uma verdadeira luta para mim.

Sei que falei muito sobre humildade, mas aqui estamos nós de novo. *humildade significa aceitar a si mesmo* — com cada aspecto positivo e negativo, cada defeito e qualidade, exatamente como você é hoje. É voltar atrás e apreciar o cenário como um todo: onde você está hoje, o que tem feito, o que deseja fazer. Humildade não significa massacrar a si mesmo nem exaltar a mediocridade. O cenário de hoje está sujeito a mudanças. As coisas vão mudar. Isso é aceitar a si mesmo.

Meu pai sempre enfatizou este ponto: "Você é você, e você é única." Ele costumava me dizer: "Qualquer pessoa que conseguir estar e trabalhar com você, ou compartilhar a vida com você terá muita sorte." Tento guardar esse pensamento comigo enquanto sigo meu caminho. Você precisará se lembrar com frequência de que tem valor como ser humano, pois haverá pessoas em seu caminho cuja intenção será derrubá-lo (e, principalmente, se você for mulher, é possível que você mesma seja essa pessoa). Mantenho uma frase colada em meu espelho e a leio todos os dias, quando acordo e antes de deitar: "Sou criativa, sou poderosa e posso lidar com isso." É óbvio que há momentos em que me sinto confusa e incapaz; do contrário, não teria pregado essas palavras no espelho. Também tenho em minha carteira um bilhete amarelado que meu pai escreveu para mim muitos anos atrás, dizendo que sou especial, que sou inteligente e que meu pai me ama. Não importa o que não consegui realizar em determinado dia, não importa se alguém me fez sentir uma tonta; toda vez que leio esse bilhete, eu me sinto ótima. E você vai precisar sempre dessa sensação, pois os acontecimentos da vida — e suas rea-ções — podem surpreendê-lo. Encontre alguma mensagem, algum pensamento, alguma oração que o ajude a chegar aonde quer, e use isso para recuperar sua força, seu ser.

Assim, não se coloque na posição de fracasso, tentando ganhar um prêmio em todas as áreas de sua vida. Mas estabeleça altos padrões para si mesmo. Veja o que realmente significa um "excelente" para você em cada área e vá atrás disso. Não estou falando de se acomodar. Estou falando em estipular metas atingíveis que irão levá-lo a continuar a se esforçar e crescer.

Quando vejo que caí na rotina, e o mau cheiro do mofo já está chegando de mansinho, tento acordar por meio de uma reavaliação. Por exemplo, nos últimos anos, eu me sentia deslocada quando o assunto era computador. Meu filho de cinco anos acha que sou alérgica a CD-ROMs. (Na verdade, eu sou. Quando vejo um CD-ROM, tenho uma crise de identidade.) Sou burra com Internet. Percebi que essa constatação me deixou à vontade durante anos ("é assim que eu sou"). Imaginei que, como em geral minha autocrítica é muito pesada, sentir-me uma idiota com relação a algumas coisas parece normal e natural, e dá para conviver com isso. Mas, em um ataque de autoanálise, eu me dei conta do fato de que poderia realmente mudar. Que gênio!

No Ano Novo, tomei a decisão de aprender mais sobre computadores do que simplesmente saber como rodar o processador de textos em meu *laptop* com edições da NBC. E estou determinada a ficar *on-line* — o que é tão assustador para mim quanto entrar nua em um tornado montada em um monociclo. Anos atrás eu teria ficado obcecada e com essa ideia fixa também, dedicando-me ao computador dezoito horas por dia até ficar craque em tempo recorde. Hoje, sou mais realista com relação a mim mesma e ao tempo que tenho. Não estou disposta a sacrificar tempo com meus filhos nem com meu trabalho para esse projeto — mas também não estou disposta a usar essas obrigações como desculpas para me contentar com a mediocridade. Então, estou estabelecendo meu alto padrão e tentando alcançá-lo, devagar e sempre. Onde estou encontrando horas livres para me tornar uma cibernauta? Não fico mais à toa, sentindo-me mal comigo mesma por estar à toa. Você ficaria surpreso com o tempo que sobra com isso.

A chave é parar de se concentrar no negativo e voltar-se para o positivo. Tento não me esforçar para cumprir uma meta que não dá para alcançar. Eu me esforço, além das minhas forças, tentando chegar aos limites do que posso fazer hoje. Tenho de admitir que aprendi parte disso com meu marido, que não fica paralisado nem se tortura quando não pode fazer algo. Ele simplesmente persiste. E está sempre aprendendo algo. Para ele, isso é prazeroso e gratificante. Ele procura uma atividade que *não pode* realizar e tenta transformá-la em algo que *pode* fazer, devagar, sempre, sem dificuldade. Ele se dispõe a parecer um idiota para aprender a jogar tênis e golfe. E se diverte fazendo isso, rindo de si mesmo. Aceita que nunca será tão bom quanto o tenista Pete Sampras ou o golfista Tiger Woods aos 12 anos de idade. Embora esteja se esforçando para jogar com habilidade, ele só quer continuar a melhorar — e aceita seu lugar na curva do aprendizado de hoje. Essa é a verdadeira humildade, embora, em um milhão de anos, nunca pensei que usaria essa palavra para descrevê-lo.

Mas uso-a para descrever minha mãe. Quero e espero que, quando tiver sua idade, eu tenha vivido tudo o que quis fazer. Terei tido uma bela carreira como jornalista de televisão e terei orgulho disso. Terei ajudado a criar nossos quatro milagres de Deus (em vez de parar no manicômio). Terei sido uma esposa impressionante em todos os sentidos da palavra, e meu marido terá tido sorte de ter passado sua vida ao meu lado. (Sinto a mesma coisa com relação a ele — pelo menos, hoje.) Terei sido uma boa irmã e terei honrado, respeitado e admirado meus pais por quem eles são como indivíduos, como casal e, o mais importante, como pais. Não ficarei triste por não ter alcançado o enorme público da Oprah Winfrey, por não ter escrito como Emily Dickinson*, nunca ter sido uma atriz como Meryl Streep e nunca ter cozinhado como (Socorro! Ela está em todos os lugares!) Martha Stewart.

Sua vida é como um mosaico, um quebra-cabeças. Você tem de imaginar onde as peças se encaixam e juntá-las sozinho. Tenho uma amiga jovem que sabia ser capaz de escrever um romance, mas jamais o começava, martirizando-se por

---

* Escritora americana famosa no século XIX.

não ser uma artista disposta a sacrificar tudo pela arte. Mas, aos trinta anos, ela conheceu um mentor que lhe disse que, se escrever não pagava as contas, então que ela ficasse no emprego que lhe dava condições de fazer isso e escrevesse seu romance depois do trabalho. E é exatamente isso que ela está fazendo agora — dedicando-se à sua paixão e amando a vida. Tudo o que nós, Mulheres-Maravilhas, podemos exigir de nós mesmas é sermos notáveis, persistirmos nisso e estarmos em paz quando sairmos de cena.

LIÇÃO

O perfeccionismo não torna ninguém perfeito, mas paralisa. Você não perde o seu valor porque não pode fazer tudo. Você é humano. Não dá para escapar dessa realidade. O objetivo é aceitar a si mesmo. Se Shakespeare fosse uma Mulher-Maravilha, ele teria dito: "Ser ou não ser — é preciso tempo e sabedoria."

OS FILHOS MUDAM A SUA CARREIRA (E TODA A SUA VIDA TAMBÉM)

7

Esta é uma extensão do capítulo 6, que diz: "Você não pode fazer tudo." Com filhos, você não só não consegue fazer tudo, mas não consegue fazer as coisas da mesma forma que fazia antes. Em outras palavras, ao começar uma família, não espere continuar o mesmo *workaholic* exigente pau-para-toda-obra como antes. Porque deixar de mudar vai significar sofrimento para seus filhos — e, acredite, se você achar que seus filhos estão sofrendo, a culpa prejudicará seu trabalho.

Esperei muito tempo para começar minha família. Tinha 34 anos quando nossa primeira filha nasceu. E, para dizer a verdade, eu era quase tão inexperiente como mãe quanto como no mundo das notícias naquele primeiro dia na emissora em Filadélfia. Na verdade, ser mãe tornou-se um desafio muito maior do que qualquer obstáculo enfrentado em minha carreira como jornalista.

Quando nossa filha nasceu, eu era apaixonada por meu trabalho. Depois de ser demitida/eliminada/colocada para fora de meu cargo de alta visibilidade no *CBS Morning News* três anos antes, eu havia refeito minha carreira em outra rede. Estava muito orgulhosa disso. Era âncora de dois programas semanais da NBC News que havia lutado muito para conseguir e manter.

Todos me diziam que minha agenda era uma loucura, mas não para mim. Eu estava no céu. Era âncora do *Nightly News*, em Nova York nos finais de semana, e também do *Sunday Today*, em Washington, D.C. Nada mal, você diria? Bem, eu vivia do lado oposto do mapa de Los Angeles. Viajava de L.A. para Nova York na sexta-feira, depois para D.C. no sábado à noite e depois voltava para West Coast no domingo. Eu adorava esse ritmo. Adorava estar em campo, fazendo histórias, entrevistando pessoas como Cory Aquino, Fidel Castro, Rei Hussein. Adorava viajar e adorava ser âncora. Adorava as pessoas com quem trabalhava e adorava o desafio do trabalho e o prestígio que havia alcançado. Era para isso que eu havia trabalhado tanto por todos aqueles anos.

Assim, quando fiquei grávida, eu esperava continuar visível na televisão em minhas duas posições como âncora, porque não conseguia imaginar o contrário. Ah, é claro, eu poderia ter diminuído um pouco o ritmo, mas não me disseram que eu poderia/deveria fazer tudo? Eu não esperava nada menos de mim mesma. (O que explica por que eu pensava ser perfeitamente natural manter um balde ao lado da cadeira de âncora no caso de um enjoo matinal. Ou sair às pressas para o banheiro para vomitar durante um comercial e depois correr de volta para a mesa de âncora a tempo de sorrir e dizer: "Bem-vindo. Estamos de volta com o *Sunday Today*.") Cheguei a declarar a um jornalista que perguntou como era ter uma família em uma costa e um emprego na outra: "Tenho muita fé, sou uma pessoa religiosa... Acredito que isso está nas mãos de Deus e que eu vou conseguir fazer as duas coisas." Escrevendo isso agora, não dá para acreditar como eu era ignorante. Ou "arrogante" talvez fosse uma palavra melhor: eu tinha certeza de que o que *eu* queria era o que *Deus* queria para mim.

Minha ficha começou a cair quando segurei minha filha pela primeira vez. Eu me apaixonei profundamente por ela e não conseguia imaginar estar separada dela por um segundo. Mas, mesmo assim, eu me agarrei às minhas expectativas irrealistas com as duas mãos, passando grande parte de minha licença-maternidade tentando descobrir exatamente como eu iria conciliar esta criança, as viagens e o trabalho. Eu sabia que conseguiria encontrar um jeito, mas, ao olhar ao redor à procura de direção e caminhos para seguir, não encontrei nada. Além dos empregos como âncora no noticiário da manhã que eram impossíveis de conseguir, e que quase não exigiam viagens, havia poucos empregos nessa área que pareciam compatíveis com a atividade de educar filhos. E onde estavam os exemplos a serem seguidos? Muitas das mulheres que avançaram profissionalmente antes de mim precisaram de muita determinação para seguir em frente nesta área dominada por homens. Muitas simplesmente continuaram solteiras. Outras eram divorciadas. Outras tantas não tinham filhos. Uma grande jornalista havia me confessado, alguns anos antes, que ainda se sentia culpada por ter sacrificado a vida como mãe para se estabelecer profissionalmente.

E havia outra pressão. Meu marido deixara claro que não tinha vontade de morar em Nova York, onde estava a base das operações da NBC News. Sua carreira estava em L.A. e era muito mais sólida que a minha. Assim, ali estava eu com uma bela criança e o homem que eu amava na Califórnia, e o emprego que eu adorava em Nova York e em Washington. E as reportagens para fazer em todo e qualquer lugar.

Assim, voltei a trabalhar e fingi que nada havia acontecido, indo e vindo como uma louca. Minha filhinha estava acumulando milhas nas frequentes viagens de avião. Mas não levei muito tempo para perceber que estava me enganando. Nada estava dando certo — nem a maternidade, nem o emprego. Quando estava no trabalho, vivia preocupada — e culpada — com relação a minha filha, e vice-versa. Algo tinha de acontecer. Tentei convencer meus chefes a deixarem-me como âncora em, pelo menos, um dos programas em Los Angeles. "De forma alguma", respondiam. Eu voltava para casa e chorava, frustrada. Além de tudo, o conselho mais útil que as pessoas davam me deixava ainda mais confusa. Houve quem sugerisse que eu deixasse de trabalhar e só ficasse em casa para cuidar de minha filha. Tenho sorte por ter essa opção financeiramente, mas não era uma boa opção em termos emocionais. Houve também quem aconselhasse que eu mantivesse meus empregos, e tudo se resolveria como em um passe de mágica, porque eu era uma pessoa tão boa e merecia ter o que queria. *Nada* disso estava acontecendo.

Por fim, fui até o presidente da rede com meu dilema. Confessei que não conseguiria criar minha filha e manter meu casamento cumprindo os dois horários como âncora da forma como vinha fazendo. Mas, continuei, também não queria perder tudo que havia conquistado. Ele entendeu, mas também deixou claro que eu tinha de fazer uma escolha. Tentou me tranquilizar garantindo que, se eu escolhesse abrir mão de minhas funções como âncora, outras oportunidades certamente apareceriam. Ainda que fosse um homem respeitável, em programas de notícias na televisão, uma promessa como essa é uma promessa vazia. Mas lá estava eu em uma encruzilhada. Com muita tristeza, abri mão de meus dois programas na Costa Leste. E, sem dúvida, as cadeiras de âncoras foram preenchidas em cinco minutos. A máquina de notícias da televisão seguiu em frente, e eu fui para casa, em Los Angeles.

Gostaria de dizer que me senti aliviada. A verdade é que me senti um fracasso novamente — tão desapontada por não ter conseguido imaginar um jeito de ter tudo. É claro que eu ainda era uma funcionária da rede, fazendo especiais de uma hora, mas havia perdido minha base de poder, meus próprios programas semanais. Voltei a ser uma repórter, voltei à estaca zero. Quando digo estaca zero, sei que estou fazendo drama. Sei que chegar de fato ao fundo do poço significa ser jogado na rua sem emprego e sem um meio de sustentar os filhos. Sei que existem milhões de mulheres em situações realmente terríveis que só podem contar consigo mesmas. Na verdade, gosto de ler histórias de mulheres com filhos que chegaram ao fundo do poço e se reergueram. Eu as admiro e tento aprender com sua coragem e força.

Olhando para trás agora, gostaria de não ter ficado tão angustiada nem desperdiçado tantas lágrimas no que, na realidade, foi minha própria decisão. Fui eu que escolhi dedicar a maior parte de meu tempo a meus filhos e trabalhar meio período para a NBC. E é isso que faço até hoje. Sou âncora e faço vários programas *Dateline* por ano. Meu chefe em Nova York trabalha comigo para encontrar reportagens que não exijam viajar demais. Isso tudo me faz concluir que valeu a pena meu tempo longe de meus filhos para me dedicar ao trabalho. Sou âncora e repórter de, pelo menos, dois especiais meus com duas horas de duração por ano — por exemplo, um programa de uma hora sobre quatro mulheres tentando deixar de receber o salário-desemprego e entrar no mercado de trabalho em Wisconsin. E tenho a grande sorte de contribuir em coberturas especiais: convenções, eleições, jogos olímpicos, inaugurações e, sim, audiências para *impeachment*. E, com tudo isso, ainda tenho muita liberdade e flexibilidade, e vou ao estúdio só quando preciso.

Quando fiz esse acordo com a NBC, há mais de uma década, eu não conhecia ninguém que estivesse trabalhando meio período em um computador em casa. E a preocupação do presidente da rede era de que, se eles me abrissem essa exceção, logo haveria outros querendo o mesmo. Mas, até então, eu tinha dado um duro danado em noticiários de televisão por treze anos — às vezes, sete dias por semana, chegando a vinte horas por dia. Não havia lugar aonde eu não fosse para conseguir uma boa reportagem, não havia trabalho que eu rejeitasse. Assim, quando declarei que gostaria de preparar as histórias e fazer a maior parte possível do trabalho em casa, eles sabiam que eu não iria fugir para a praia em Malibu e pegar um bronzeado. Estava claro que eu continuaria a trabalhar duro, mas somente meio período, enquanto tivesse crianças e família para criar. E, imaginaram eles, se não desse certo, haveria sempre a opção de me demitir.

Se tenho sorte? *Muita*. Tive a meu alcance os recursos financeiros para reestruturar minha carreira e tive patrões que não só entenderam minhas prioridades, mas se dispuseram a trabalhar comigo para manter a vida familiar forte e sólida que eu queria. Entretanto, na época em que fiz essa escolha, eu me sentia muito ansiosa e culpada. Na época, se eu soubesse que, uma década depois, tantas pessoas trabalhariam em casa, eu teria chorado menos e me sentido menos sozinha. Talvez não menos culpada. Até hoje, experimento sentimentos de culpa por ter a oportunidade de me envolver totalmente na vida de meus filhos e ainda continuar em uma profissão dinâmica. Sei que, ao trabalhar por tanto tempo e com tanto afinco como trabalhei, ganhei certo poder e influência, e isso me ajudou a fazer o que eu queria. Se eu tivesse tido meus quatro filhos logo no início, na Filadélfia ou em Baltimore, já era.

Deixe-me dizer que sou mais do que grata às mulheres que trilharam esse caminho antes de mim e derrubaram as barreiras mais difíceis. Não há dúvida alguma em minha mente de que eu não conseguiria trabalhar meio período e criar meus filhos se essas mulheres não tivessem batalhado para provar que poderiam competir, que mereciam o investimento da empresa. Merecemos ter nossas necessidades supridas.

As escolhas de cada um são diferentes. Você precisa descobrir do que precisa para se sentir à vontade com a pessoa que vê no espelho. E você precisa ser honesto com relação a suas renúncias. Minha escolha foi seguir minha intuição e ficar mais tempo em casa. Sei que tenho uma sorte incrível. Se minha intuição me tivesse dito para trabalhar em período integral, eu poderia muito bem ter contratado alguém para me ajudar em casa. E, hoje, conheço muitas mulheres que não só têm filhos, mas trabalham muito mais do que quarenta horas semanais. O casamento delas vai bem, seus filhos estão crescendo e a carreira delas também. Bato palmas para elas. Não foi o meu caso.

Há todos os tipos de boa mãe. Descubra que tipo de mãe você deseja ser — e não se compare com outra pessoa. Tive de ter uma conversa comigo mesma. O que me faria sentir pior: Se meus filhos reclamassem ("Você nunca me ajudou com a lição de casa! Você nunca esteve presente para me apoiar!") ou se Diane Sawyer conseguisse a entrevista com Boris Yeltsin? Para mim, a primeira é pior, porque eu não conseguiria lidar com a culpa se ouvisse isso de meus filhos. (Agora que *estou presente* o tempo todo, meus filhos reclamam *de qualquer jeito* para me manipular. A diferença é que deixo isso para lá, porque sei que não é verdade. Se fosse verdade, a culpa seria insuportável. E, por falar nisso, não me atrevo a dizer que conseguiria a entrevista com Yeltsin, por mais tempo que eu passasse ou não com meus filhos.)

De qualquer modo, a culpa é minha intuição falando comigo, e eu organizo grande parte de minha vida de modo a evitar a culpa. Sei que preciso dar aos meus filhos certa atenção e envolvimento, e, se for menos do que isso, eu me sinto mal. Hoje, meu mundo gira em torno de seus horários, seus traumas, seus dramas. Tenho de estar a par do que está acontecendo em sala de aula, do que está acontecendo com a lição de casa, do que os melhores amigos estão fazendo e de como acabam todas as armações e rivalidades das menininhas e dos menininhos. Meu marido e eu levamos as crianças à escola, vamos buscá-los e levá-los para o futebol, para as aulas de dança, para brincar com outras crianças e para consultas médicas. Contudo, posso me dar ao luxo de saber que, se não pudermos fazer isso, temos a assistência de que precisamos.

Hoje, passo muito mais tempo sendo mãe do que tentando agendar uma entrevista com a primeira-dama. A hora mais importante em meu relógio é quando as aulas acabam, às 15h30. Tento desligar os telefones das 16h às 20h, para que eu possa brincar com as crianças e monitorar a lição de casa. Por causa disso, às vezes, me esqueço de dar retorno a ligações para agendar entrevistas. (Adeus, Yeltsin.) Por outro lado, quando levei minha filha ao jardim de infância uma vez, coloquei um agasalho, toda maquiada e penteada para um programa de televisão, e depois troquei de roupa na parte de trás de um carro da NBC a caminho do centro da cidade para o veredicto de O. J. Simpson. Assim, também estou longe de ser uma mãe normal.

E, sem dúvida, uma vez que tenho verdadeira compulsão por superar expectativas, conviver com as escolhas que fiz às vezes me dá uma dor de cabeça danada. Mesmo depois de quatro filhos, ainda consigo grandes responsabilidades no trabalho. Mas o fato é que não tenho mais meu próprio programa, e não tenho mais esse poder. Não, não estou choramingando por causa disso. Bem, talvez um pouco. Ainda fico com dor no estômago quando perco uma entrevista com uma celebridade para as âncoras que estão mais tempo no ar, que têm seus próprios programas e, portanto, maior prestígio. Estou fora dessa categoria agora. E fico irritada quando as pessoas que me veem com meus filhos dia após dia perguntam se ainda estou trabalhando. Mas, depois que meus ressentimentos passam e meu ego se acalma, lembro-me de que *fui* eu mesma que optou por ficar fora desse grupo de sucesso. Foi minha própria escolha, e foi a escolha certa para mim. Ainda é.

Na verdade, nem sempre é fácil. Eu me preocupo quando digo “não” para uma história que requer muitas viagens. Esta será a gota d’água para meus chefes? Toda vez que recuso uma designação porque entra em conflito com uma apresentação especial ou um jogo de futebol de um de meus filhos, fico ansiosa para saber qual será a reação de meus chefes. Eles vão me despedir agora? Em meu desejo de estar em casa e na ativa, tenho tomado algumas decisões muito precipitadas.

Por exemplo, quando entrevistei o presidente Fidel Castro para um especial de duas horas sobre a crise dos mísseis de Cuba. Era um grande evento, e a NBC enviou uma equipe gigantesca de produtores e técnicos para fotografá-lo. Esperamos bastante e Fidel não apareceu. O final de semana estava quase chegando. Eu estava começando a suar, pois segunda-feira era o primeiro dia de minha filha na pré-escola. Seu pai estava fora da cidade, e eu havia prometido a ela que nada me impediria de levá-la. Na minha cabeça, o primeiro dia de nosso primeiro filho na escolha era tão importante quanto qualquer evento mundial. (Mãe de primeira viagem.) Mas, no final da sexta-feira em Havana, fomos informados de que Fidel Castro estava doente — "indisposto", disseram — e ainda não poderia ser entrevistado. Meu chefe disse que íríamos esperá-lo.

Então, no sábado, o próprio Fidel me chamou para uma reunião. Eu iria entrevistá-lo antes, e ele queria me dizer pessoalmente que ainda estava se sentindo indisposto e não poderia fazer a entrevista antes de segunda-feira. Meu estômago embrulhou, e eu exclamei sem pensar: "Não posso fazer isso! Tenho de voltar para casa para levar minha filha à escola!"

Houve um silêncio total na sala. Meu chefe deu-me um chute por debaixo da mesa e pediu para conversar comigo lá fora. "Você está louca?", indignou-se ele. "Doida varrida?" Será que eu não sabia quanto tempo havíamos trabalhado para conseguir essa entrevista? Será que eu não percebia que, se fosse embora, aquela oportunidade jamais se repetiria? Fidel Castro era conhecido por sua inconstância. Você tinha de pegá-lo quando tivesse a chance. Eu entendia tudo isso, expliquei para meu chefe, mas eu *tinha* de ir para casa. Olhando para trás, é provável que minha filhinha nunca soubesse qual foi realmente o primeiro dia de escola, mas *eu* sabia. Voltei para a sala e disse a Castro que era minha primeira filha e eu tinha de ir, mas voltaria logo em seguida, se ele tivesse a gentileza de esperar. Pensei que meu chefe fosse ter um ataque. Mas, sem hesitar, Castro respondeu: "Leve sua filha à escola. Estarei preparado no próximo sábado pela manhã." E saiu.

Voltei de avião para casa, levei-a à escola (ela não chorou, mas eu, sim) e voltei para Cuba para fazer uma das entrevistas mais fascinantes da minha carreira. Por falar nisso, a primeira coisa que Castro perguntou foi: "Como foi o primeiro dia na escola?" Consegui escapar por um triz.

E, assim, meu conselho, como de alguém que já passou por isso, é trabalhar *com* seus patrões, se você puder. Tente ensiná-los sobre políticas benéficas para a família, horários mais flexíveis, trabalho de meio período e divisão de trabalho. Se eles não aceitarem nada disso, é possível que você tenha de sair da empresa. Hoje há muitas empresas que valorizam a vida familiar.

E lembre-se, seu trabalho não é sua vida, nem sua identidade. No trabalho, você pode ser substituído. Confie em mim, eu sei o que estou falando. Mas, como pai ou mãe, você é insubstituível. E, com isso, refiro-me a mães e pais. É preciso também que os pais reorganizem sua vida em favor dos filhos. Preciso enfatizar que vocês dois foram necessários para fazer o filho? A carreira de meu marido talvez não tenha mudado tanto como a minha desde que tivemos filhos, mas ele se adaptou, e faz questão de que as pessoas com quem trabalha entendam suas prioridades. Ele leva nossos filhos para trabalhar com ele sempre que possível, pratica esportes com eles e participa firme e amorosamente da criação deles.

Mas deixe-me ser clara. Não achamos que podemos criar nossos filhos sozinhos. Eu estaria morta sem a participação e os conselhos dos meus amigos. Os amigos ajudam, ensinam, orientam, choram com você quando a pressão aumenta. Com seus próprios filhos, eles ampliam o casulo de amor e suporte que envolve sua família. O que eu disse sobre você procurar mentores em seu trabalho aplica-se à criação dos filhos também. Nunca deixe de ouvir bons conselhos. Nunca pense que é esperto demais para pedir ajuda nem seja tão arrogante a ponto de pensar que pode fazer tudo sozinho.

Na verdade, aumentar o círculo de amizade a fim de incluir todas as outras mães é uma das bênçãos que aconteceram em minha vida depois que minha carreira supostamente sofreu uma queda. Sempre esperei que estaria trabalhando profissionalmente no que ainda, em grande parte, pertence ao mundo dos homens. Mas agora também sou membro experiente do "clube das mães" — um presente que tem enriquecido minha vida.

LIÇÃO

Os filhos podem mudar a sua carreira. Mas também podem fazer você se abrir de várias formas que você nunca imaginou. Os filhos ensinam-lhe coisas sobre você mesmo que jamais poderia aprender sozinho — lições sobre paciência e abnegação, amor e renúncia. Em minha vida, passei da mania de controlar coisas importantes para controlar simplesmente tudo. Mas meus filhos ensinaram-me a deixar as coisas para lá, a ser flexível, a aceitá-los mesmo quando eles não pensam/agem/sentem da mesma forma que eu. Não posso controlá-los, mas posso orientar e conduzir, honrar e respeitar. E, acredite, eles são muito mais divertidos do que Boris Yeltsin.

CASAMENTO É DIFÍCIL E DÁ MUITO TRABALHO

8

Oh, meu Deus! Isso é verdade. E eu não fazia a mínima ideia disso quando saí da faculdade. Do contrário, eu não teria passado minha fase dos vinte com medo de não me casar. Na verdade, se algum de vocês está preocupado porque não se deparou com a pessoa chamada Perfeita, não tenha tanta pressa. Esfrie a cabeça, relaxe e aproveite sua liberdade, porque, uma vez casado, você não tem mais esse tipo de liberdade. Depois de correrem tanto para encontrar sua alma gêmea, são tantas as pessoas que se queixam por estarem casadas com ela. É uma loucura!

Agora, não me entenda mal. Sou feliz em meu casamento, e somos apaixonados há mais de vinte anos. Eu me casei com um homem que reconheceu que eu era, em primeiro lugar, uma pessoa e que minha vida à parte dele era tão importante para mim quanto nossa vida em comum. Agora sei que se eu tivesse me casado com alguém que não quisesse que eu seguisse minha carreira, que não aceitasse grandes famílias católicas irlandesas, que não fosse louco por crianças, eu estaria falando para você que o *divórcio*, e não o casamento, dá uma trabalheira. O que não significa que meu casamento seja fácil.

Quando me formei na faculdade, eu não sonhava apenas com uma carreira fabulosa, mas também com um casamento de contos de fada. Vamos chamar isso de Ilusão do Casamento. Como muitas jovens, eu simplesmente acreditava que, se tivesse o homem certo, o vestido deslumbrante, o anel incrível e a recepção fora do comum, pronto! Um bilhete só de ida para o destino Felizes Para Sempre. Resumindo, eu achava que, se me casasse com a pessoa certa, não teria preocupações. Que idiota! Para assumir um compromisso no dia de seu casamento é preciso um pequeno "sim". Para viver o compromisso todos os dias é preciso fazer muita coisa. Em resumo, só porque você sabe como *se casar* não significa que você sabe como é *estar casado*.

O comediante Jay Leno afirmou uma vez que o casamento que dá uma trabalheira não é um casamento muito bom. Na verdade, a palavra "trabalheira" lembra lida e deveres — coisas que você não faria a menos que fosse pago, e é melhor que os benefícios da pensão sejam bons. Mas não é a este tipo de "trabalheira" que estou me referindo neste capítulo. Não, estou dizendo que o casamento não é apenas um estado do ser. Requer tempo, reflexão e atenção. Tomamos um milhão de medidas específicas para ficarmos com alguém, compartilharmos uma vida, termos uma parceria, o apreciarmos e apoiarmos alguém, cultivarmos o amor por alguém — medidas tomadas consistentemente com o passar do tempo.

Uma coisa que pode matar um casamento logo após a lua-de-mel é a Ilusão do Príncipe Encantado. Significa esperar que o parceiro faça tudo por você: que endireite, preencha, complete e defina você, viva a vida por você e faça-a ter sentido. Grande erro. Tive sorte e aprendi isso antes de nós nos casarmos. Depois de um tempo juntos, meu futuro marido me disse: "Não espere que eu faça você feliz, nem conte com isso." Bem, pensei, ele não tem jeito com as palavras. Não percebe o que está dizendo. Se não for ele, quem mais deve me fazer feliz? Mas ele foi firme. "Você deve ser feliz consigo mesma, primeiro. Seja feliz com sua vida independentemente do que a outra pessoa lhe oferecer." Isso era sério. Ele me garantiu que seria a cereja em cima do bolo, mas que eu não deveria esperar que ele fosse o bolo todo. Isso definitivamente não daria uma boa letra para uma música romântica, mas eu sabia que ele estava certo.

Lições de amor de quem já passou por isso: mulher, não espere que um homem viva sua vida e lhe dê uma identidade.

Você deve se esforçar para ter sua *própria* vida e identidade. Do contrário, garanto que você terá um homem distante, pouco envolvido e ressentido em suas mãos — e você ficará irritada por ele não ter correspondido às suas expectativas. Mas o problema não é o seu marido. São suas expectativas irrealistas. E digo aqui para o homem também (lembre-se de que tenho quatro irmãos): não espere que uma mulher controle e organize *para* você todas as áreas de sua vida que não estejam relacionadas a trabalho, como se seu trabalho fosse *sua* única responsabilidade no casamento. Você não pode se excluir de todas as outras áreas de sua vida. Se você acha que é muita coisa sobre suas costas e não pode deixar de cuidar dos negócios fora da empresa, pense novamente. Pois, do contrário, garanto que você terá uma mulher estressada, distante e ressentida em *suas* mãos — e *você* ficará irritado por ela não ter correspondido às suas expectativas. Mas o problema não é a sua esposa. São suas expectativas irrealistas.

Homens e mulheres: não existe uma forma mais rápida de matar o amor do que culpar a outra parte por não fazer o que você deveria fazer por si mesmo. Na verdade, você pode ser extremamente feliz com um cônjuge, mas não pode responsabilizá-lo por fazer e manter você feliz. Não é justo, nem possível. Se colocar seu parceiro como sua força maior, você acabará terrivelmente desapontado e pensará que a culpa é *dele*, quando não é. Não faça isso.

Seguindo para o destino Felizes Para Sempre. Adivinhe? Não. É outra ilusão que cria expectativas insanas. Tenho um casamento realmente forte, e não sou a esposa feliz 24 horas por dia. Problemas existem. Meu marido faz coisas que me irritam, e Deus sabe que faço o mesmo com ele. Há estresses e pressões externas que, momentaneamente, afastam ou unem o casal. Mesmo quando nada sério está acontecendo, há divergências e discussões, momentos em que você talvez queira até sumir. A vida tem altos e baixos, e assim acontece com o curso natural, ora mais, ora menos intenso, em um relacionamento. Você não *precisa* de chamegos românticos o tempo todo.

O que acontece se você não lida com essas inevitáveis situações e sentimentos negativos? Bem, você pode estar anestesiado pela Ilusão do Felizes Para Sempre: "Tudo está maravilhoso! As crianças são ótimas! Ele é maravilhoso! Eu sou maravilhosa!", e empurrar qualquer sentimento ruim para debaixo do tapete. O único problema é que isso não dá certo. Quando você, no final, reconhecer que nem tudo são flores, tomará um susto com o resultado de toda a negação e achará que não tem mais jeito. É triste pensar que, se você tivesse lidado com cada sentimento e situação negativa na medida em que surgiam no caminho, talvez o que era pouco importante não tivesse se tornado um problemão.

Talvez você não tenha ilusões com relação ao casamento. Talvez seus pais tenham se divorciado quando você era criança, por isso você já sabe que o Felizes Para Sempre existe apenas em filmes e contos de fadas. Mas muitos amigos meus, que são filhos do divórcio, dizem que também se agarraram ao sonho de que fariam as coisas de um modo diferente. Eles ainda queriam e esperavam um conto de fadas.

No meu caso, meus pais fizeram tudo parecer fácil. Se eles brigavam, e eu sei que brigavam, era longe de nós. Se tinham opiniões diferentes quanto à criação dos filhos, resolviam o assunto em particular, e nós nunca tomávamos conhecimento. Tranquila e discretamente, ora eles faziam suas coisas como indivíduos, ora agiam como casal, e assim, juntos, todos nós funcionávamos como uma família. Mas, uma vez que eles nunca falaram sobre o trabalho que um casamento dava, eu esperava que minha vida de casada fosse da mesma forma — natural, boa, tranquila e feliz.

Então, aqui vai meu conselho: se você se dá bem com seus pais e respeita a opinião deles, pergunte-lhes sobre o que é bom e ruim no casamento deles. Pergunte-lhes como os filhos afetaram seu relacionamento. Pergunte-lhes como eles lidaram com o dinheiro e se isso afetou o equilíbrio de poder entre eles, porque isso pode acontecer. Pergunte-lhes sobre religião, pergunte-lhes sobre tudo. Consiga informações, beneficie-se de sua experiência. Se seus pais forem como os meus, vão preferir silenciar sobre os obstáculos, encobrindo qualquer dificuldade que possam ter tido — talvez por medo de sua opinião desfavorável a respeito deles. Diga-lhes que você precisa que sejam honestos e abertos, e que não irá julgá-los, que deseja aprender as lições que eles aprenderam. Se o casamento de seus pais não deu certo, pergunte-lhes por quê. Se eles cometeram erros, você pode aprender com eles.

Quando conheço um homem e uma mulher casados há muito tempo, pergunto aos dois como conseguem. (Meu marido diz que estou sempre entrevistando as pessoas.) Independentemente de quem sejam, eles têm algo a me ensinar. Ouço com frequência de casais bem-sucedidos sobre o respeito pelo cônjuge e a arte do perdão. Uma grande amiga tem um casamento extremamente feliz. Em minha "entrevista", ela contou que os dois praticam o que ela chama de *perdão automático*: "Se um de nós fere os sentimentos do outro ou faz algo para irritar o outro — e isso acontece com muita frequência, porque somos sensíveis um ao outro —, então você precisa se zangar, colocar isso para fora, ter uma briguinha ou brigar feio, e depois esquecer o assunto e seguir em frente." Isso é perdão:

resistir à tentação de se agarrar às suas mágoas e cultivá-las, desfilando por aí como um mártir ferido.

Perdão não é ter de continuar *certo*. Você pode de fato *estar* certo, fazer com que seu cônjuge saiba disso e depois parar de chateá-lo com isso. Esqueça o assunto e siga em frente. Minha amiga diz: "Continuo tentando me lembrar de que amo este homem e tentando fazer a raiva passar e voltar a sentir amor tão logo seja possível. Fique com o amor", enfatiza ela. "É assim que a pessoa continua casada e não fica infeliz." Um conselho esperto e inteligente que você pode usar, e que dá certo. Pratique a atitude de saber perdoar antes de dizer "eu perdoo".

Não se esqueça também de aproveitar a vida antes de se casar. Você terá momentos maravilhosos depois do casamento, mas são momentos diferentes, se é que você me entende. Aproveite sua liberdade. Passe o maior tempo possível se conhecendo e sabendo o que você quer e do que precisa. E depois mantenha os olhos abertos para que aquele grande amor apareça — aquele que amará você pela pessoa que você é.

E, por falar nisso, lembre-se de amar essa pessoa por quem ela é também. São remotas as chances (por exemplo, uma em um zilhão) de você conseguir fazer seu parceiro mudar. Ele não vai. Sem dúvida, aquilo que você acha mais irritante e inaceitável não vai mudar. O que muda com o passar do tempo é sua disposição de aceitar essas coisas. Não deixe de contar ao seu cônjuge os sonhos pessoais que você tem para si mesmo e para vocês dois como casal. Ajustem juntos suas ideias sobre filhos, dinheiro, religião e estilo de vida.

Mas, por favor, não espere que seu futuro cônjuge seja o máximo — que tenha *todos* os mesmos interesses e queira conversar sobre *todas* as mesmas coisas. Ninguém pode cumprir essa expectativa toda. Você nunca percebeu que é por isso que tem diversos amigos? Os amigos refletem diferentes aspectos e interesses de sua vida. Para mim, existem as outras mães, as colegas de trabalho, as companheiras de dieta, as apaixonadas por fofocas, as amigas da alma. É uma rede de apoio escolhida a dedo que eu mesma criei para mim — especialmente importante uma vez que não tenho irmãs biológicas. Elas me ajudam com as crianças, dizem que não tenho de ser a Mulher-Maravilha, advertem-me se não estou sendo fiel a mim mesma e gritam comigo, dizendo que não preciso perder mais dois quilos. Amigas são aquelas que preenchem as lacunas e compensam uma deficiência deixada por seu relacionamento principal. É para isso que servem os amigos.

Aprendi com a vida que, mesmo tomando o máximo cuidado antes de se casar, você precisará de certa sorte e terá de estar disposto a se doar totalmente. Mesmo assim, seu casamento pode não dar certo. Se for o caso, por favor, não se torture por isso pelo resto da vida. Procure logo ajuda para que você possa lidar bem com o problema. Uma amiga no trabalho fez exatamente isso. Ela e o marido realmente colocaram o que era melhor para o filho em primeiro lugar. Procuraram ajuda e agora são ótimos amigos que dividem a tarefa de educar o filho, suas alegrias, suas tristezas. Eles só não compartilham a mesma cama.

Fazendo uma retrospectiva, agradeço a Deus por não ter me casado antes dos trinta anos. Conheci meu futuro marido quando eu tinha 21 anos — na verdade, dois meses depois de ter saído da faculdade. Apaixonei-me por ele de imediato. (Mais detalhes sobre isso adiante.) Mas eu ainda não tinha certeza do que estava fazendo e que direção estava dando para minha vida. Ainda tinha medo e estava insegura, ainda não era forte o bastante para lidar com o que aquele rapaz iria aprontar em minha vida.

Enquanto me esforçava para subir em minha carreira, eu aprendia mais sobre mim mesma e ganhava autoconfiança. E, enquanto eu estava me conhecendo, ele estava fazendo o mesmo. Ao longo de vários anos, ele, na verdade, observou o que era importante para mim. Viu que, como ele, sou extremamente ambiciosa, que minha família é tudo para mim, que a religião é uma parte importante da minha vida. Descobriu que gosto de conversar, que sou curiosa, que pratico esportes, que sou esquentada e fazia as coisas do meu jeito. Em outras palavras, ele percebeu que eu seria uma pessoa difícil como esposa. (E eu teria de ser surda, cega e extremamente estúpida para não ver que ele era mais do que difícil.)

Ele decidiu se casar comigo de qualquer jeito. Para minha sorte, meu marido não me pediu para mudar. É claro que ele deu dicas de que eu deveria diminuir o ritmo, que eu falo demais e faço muitas perguntas, e que tenho mania de controlar tudo. Mas ele nunca me pediu para deixar de ser quem sou. E eu retribuo o favor.

Pratico a arte do perdão, e ele faz o mesmo. Temos de fazer isso. Temos muitos pontos de discordância; nem gosto de falar disso. E, sem dúvida, teria sido mais fácil se eu tivesse me casado com o vizinho ou até com um rapaz americano. Mas não foi o que fiz. Eu me apaixonei por um rapaz austríaco que não poderia ter sido mais diferente daquilo que imaginei para mim, mas fiquei com o amor. Segui minha intuição — e, até aqui, tudo certo.

LIÇÃO

Durante os anos em que trabalhei em salas de redação, foram muitos os colegas que se divorciaram — e, para dizer a verdade, isso me assustou. Uma carreira que absorve todo o nosso tempo muitas vezes não deixa espaço para um cônjuge. Hoje, invisto muito tempo em meu casamento. Presto atenção nele. Para mim, é uma prioridade conectar-me com meu marido e cultivar o relacionamento. Por favor, concentre-se em seu casamento. Não deixe de dar atenção a ele. Prefira passar um tempo com seu cônjuge quando puder, mesmo em dias em que você não queira. Nossa vida é tão ocupada que não podemos deixar passar muitas oportunidades de convivência. É nisso que consiste a "trabalheira": trabalhar em prol do casamento.

NÃO ESPERE QUE NINGUÉM O APOIE FINANCEIRAMENTE

9

Talvez você tenha dado sorte e seus pais sejam ricos. Talvez você tenha literalmente se casado com o dinheiro. Mas, por favor, não conte com isso. Trabalhe para ter seu dinheiro. Faça sua própria carreira. Viva dentro de seus recursos. Não há nada melhor que isso para desenvolver genuínos amor-próprio e respeito por si.

Você talvez esteja se perguntando o que isso tem a ver comigo — ou com você. Você talvez esteja atolado de empréstimos até o pescoço. Talvez esteja trabalhando e frequentando a escola em tempo integral, ou fazendo verdadeiros malabarismos com vários empregos para equilibrar o orçamento. Se esse for o caso, eu tiro o chapéu para você: até já poderia pular esse capítulo. Mas, como não é tão longo assim, você não vai morrer se ler.

Tive sorte: meus pais pagaram meus estudos na faculdade. Saí da escola sabendo que queria trabalhar, sabendo que tinha de trabalhar, mas também sabendo, pelo menos lá no subconsciente, que não morreria de fome se não conseguisse um emprego. Acontece que minha paixão profissional pôde render um bom salário, e fiquei nela tempo suficiente para conseguir um excelente emprego. E eu tenho dupla sorte. Conhecendo meus pais, acho que, se minha paixão não pagasse as contas, eles teriam me ajudado. Mas, olhando para trás, fico realmente contente porque nunca pedi isso a eles. Pelo contrário, aprendi algo importante: que eu poderia cuidar de mim mesma.

Quando comecei a trabalhar, as pessoas pensavam que eu não precisava trabalhar pelo dinheiro. Achavam que, como eu vinha de uma família rica, tudo aquilo não passava de diversão. (Lembre-se daquele diretor do noticiário na Filadélfia.) Depois, quando me casei, foi impressionante o número de pessoas que me aconselharam a largar meu emprego porque agora eu havia fisgado um homem que podia me sustentar. Não dá para descrever como isso me deixava louca. Uma vez, uns seis meses depois de me casar, encontrei por acaso um famoso agente. Havia começado meu novo emprego na NBC depois que o *CBS Morning News* foi por água abaixo. Ele me cumprimentou com um beijo, perguntou-me sobre a nova rede e logo estava balançando a cabeça em sinal de reprovação: "Não sei por que você se preocupa com toda essa besteira de rede de notícias. Você se casou com um cara rico. Relaxe, divirta-se, tenha alguns filhos e uma bela vida." A minha vontade era de dar um murro bem no meio da cara do sujeito. Ainda bem que não fiz isso, porque ele não foi o último a dizer essas coisas, e você não pode sair por aí dando murros em todo mundo.

Não me casei para viver à custa de meu marido. Não entrei na área do telejornalismo pelo dinheiro. Na verdade, quando entrei nesse ramo, o salário não era nada parecido com o de hoje. Trabalho porque gosto, e gosto de ganhar meu próprio dinheiro. Isso faz com que eu me sinta forte e independente para saber que posso progredir financeiramente. Se você quiser sentir-se emocionalmente independente, a chave é saber que você pode ganhar seu próprio dinheiro.

Meu arrependimento nessa área é que nunca reservei um tempo para prestar atenção nas finanças. Conselho de quem já passou por isso: não faça o que fiz. Eu saía gastando sem pensar muito no que fazia com o que ganhava. Quando me formei, a maioria das mulheres de minha sala não falava sobre dinheiro. Nós o tínhamos ou não. De qualquer modo, nem pensávamos nisso. Nunca fui boa em matemática, por isso simplesmente pensei que algum sujeito cuidaria disso para mim, ou que o dinheiro cuidaria de si mesmo como em um passe de mágica. Grande erro. Isso é definitivamente algo que eu mudaria em relação à minha vida. Eu me lembraria, desde o início, de investir o mesmo tempo que investi na carreira para aprender a lidar com minhas finanças.

Nos tempos de hoje, é de fato burrice não ter interesse em assuntos financeiros. De nada adianta ganhar se você só sabe gastar. Uma amiga minha que ganhava rios de dinheiro compartilhou um grande conselho que recebeu no início de sua carreira. Um velho e famoso humorista havia lhe dito que, por mais rica que ela se tornasse, deveria examinar todos os seus cheques com muito cuidado, em vez de passá-los sem verificar os canhotos. Explicou que isso iria deixá-la esperta para lidar com o dinheiro, iria fazê-la saber para onde seu dinheiro estava indo e o que ela queria que o dinheiro fizesse por ela.

Agora que estou ganhando um bom dinheiro, como lidar com ele se tornou um verdadeiro desafio para mim. Estou cuidando da administração do dinheiro, do planejamento patrimonial, de tudo. Estou me inteirando de um mundo que está mudando e se movendo tão rapidamente que é difícil não ter a sensação de que sempre estou para trás. Não acho que terei fluência nessa área, e isso realmente me irrita.

Por isso, por favor, seja mais esperto do que eu — especialmente você, mulher. Não pense simplesmente que um homem cuidará disso para você. Se você se ausentar do trabalho ou abandoná-lo de vez para cuidar de seus filhos — o trabalho mais difícil que não é remunerado, mas não vamos entrar nesse assunto —, por favor, não deixe essa área de lado. Você nunca sabe se será pega de surpresa pela vida e colocada em uma situação em que terá de saber como cuidar de si mesma. E, acredite, aprender coisas sobre esse assunto leva tempo, e as pessoas que podem nos ensinar nem sempre são tão pacientes com aquelas de nós que são ignorantes sobre o assunto. Conselho de quem já passou por isso: aprenda a lidar com o dinheiro e fale abertamente sobre isso em seu relacionamento.

Agora, eu me saio muito bem quando o assunto é salário, mas, como você sabe, meu marido se sai muito melhor. Ele diz que não tem mais poder em nosso casamento por causa disso, mas acho que ele tem. Não quero pedir dinheiro para ele, e não peço. Isso provavelmente parece loucura, mas é o que mais me irrita. Ele é extremamente generoso e sempre diz que é "nosso dinheiro", mas eu gosto de saber que posso sustentar a família também. Eu só gostaria de ser tão esperta nos negócios como ele.

Outra coisa com relação a ganhar seu próprio dinheiro: pode chegar um momento em um futuro não muito distante em que você vai querer — ou ter de — ajudar seus pais financeiramente. Se você for inteligente com relação ao seu dinheiro agora, batalhar e tiver sorte, poderá ter a felicidade ajudá-los.

Uma última observação. Talvez você não pense nisso agora, mas aposto que não vai precisar de todo o dinheiro que irá ganhar. Aposto que haverá momentos em que poderá doar parte de seu salário a obras de caridade. Admiro a famosa empresária que não contrata jogadores a menos que eles concordem em doar 10% de seu salário a obras de caridade. Também admiro uma jovem que me ajuda com meus filhos. Ela é mórmon e sempre deu 10% de seu salário à sua igreja — nunca pensa nisso, apenas planeja e faz. Respeito muito essa jovem e a tantos outros jovens que conheci que têm bom coração desde o começo. Acredito que aquilo que você dá volta dez vezes mais para você em dons espirituais — como gratidão, valor próprio e paz de espírito.

LIÇÃO

O dinheiro abre portas, mas você precisa saber gastar. Preste atenção para onde está indo seu dinheiro, assim ele poderá ajudar você a conquistar o que deseja. E lembre-se: você pode não ter tanto quanto gostaria — mas faz bem para a alma doar parte do que você tem.

RISADAS

10

É preciso dar risada. Este é o último item da lista, mas é o que torna os nove primeiros possíveis. A vida não é fácil, mas você pode sobreviver aos percalços e às curvas, rindo deles — e de si mesmo.

As pessoas sempre me perguntam o que me atraiu em meu marido. Foi seu senso de humor. Aceite meu conselho. Escolha seu parceiro não só levando em conta o desejo sexual, mas a risada. Confie em mim. Você precisará muito mais de humor do que de dinheiro, de um ótimo emprego, de um belo guarda-roupa ou até de um corpo em forma.

No dia em que conheci meu marido, ele comentou com minha mãe algo totalmente irreverente e engraçado. A maioria das pessoas tem medo de minha mãe. Mas, quando foi apresentado a ela, ele exclamou: "Sua filha tem um bumbum lindo!" Não sei como ele conseguiu se safar disso, mas minha mãe morreu de rir.

Isso aconteceu em um torneio de tênis profissional entre celebridades há mais de duas décadas. Ele ainda não era uma celebridade, mas, de certa forma, já era um ídolo. Meu irmão sugeriu que seria incrível um jogo entre esse maravilhoso fisiculturista profissional contra os profissionais. Ele se divertiu muito. Ria de si mesmo — seu sotaque forte, suas roupas típicas da Europa, sua falta de talento no tênis. Eu ri tanto que me apaixonei.

Todos à minha volta tinham plena certeza de que eu só estava sendo rebelde, encantada com o jeito diferente dele. Tudo o que eu sabia era que, toda vez que estávamos juntos, nós nos divertíamos muito. Ele era esperto, ambicioso, interessado em aprender, e me ajudava a levar a mim mesma, minha herança e meu "destino" menos a sério. A essa altura, estamos juntos há 22 anos. Sem dúvida, nem sempre foi divertido, porque a vida não é só diversão, mas posso honestamente dizer que ninguém pode me fazer rir mais do que ele. Ninguém mais que conheço olha para a vida do modo como ele olha. Hoje, toda vez que nossa vida sofre pressões, toda vez que ele fica irritado com algum revés ou frustração — e isso acontece muito —, eu começo: "Onde está seu senso de humor? Não dá para acreditar que você não está me fazendo rir disso." Ele normalmente entende a dica e volta ao normal.

Não conheço ninguém que se divirta mais do que meu marido. Ele trabalha como um condenado, mas tem a maravilhosa capacidade de se desligar, relaxar, brincar. Ele se cerca de pessoas que o fazem rir (principalmente de quem vive contando aquelas piadas machistas idiotas que não entendo) e mergulha em *hobbies* de que gosta. Na verdade, uma de minhas grandes alegrias é provocá-lo por causa de seus *hobbies* — andar de motocicleta, jogar bilhar, fumar charuto, esquiar e caminhar, sempre com a turma masculina, incluindo, mais recentemente, o temido golfe. Eu lhe digo que todas essas coisas o afastam de mim, que ele está sendo egoísta. (Como se fosse agradável estar infelizes juntos.) Encho a paciência dele, dizendo que ele só consegue se divertir porque eu seguro as pontas com as crianças.

A verdade é que faço meu marido sofrer porque tenho ciúmes. Afinal, ele descobriu uma forma de levar a vida com muitas risadas. Ele simplesmente fez um trabalho melhor, administrando seu tempo e sendo capaz de dizer não para coisas que não está a fim de fazer. (Isso é um grande problema para a maioria das mulheres.) A verdade é que conheço muito mais homens do que mulheres que conseguem tempo para si mesmos.

Bem, de qualquer jeito, esta é uma propaganda feminina. Aqui está a verdade sobre as mulheres: temos nosso *hobby* secreto, que é tirar um tempo para tagarelar. Este é um de nossos maiores prazeres, e nunca o negamos a nós mesmas. Juntas, rimos um bocado: de nossas situações e frustrações, de nossos filhos e, principalmente, dos maridos — do modo como vivem perambulando por aqueles campos verdes, contando piadas sujas e correndo atrás de bolinhas brancas.

O riso enche sua vida de alegria. Acredite em mim quando digo que conheço tantas pessoas de minha idade — não tão velhas *assim* — que perderam a alegria na vida. E nem estou falando das tragédias e aflições que sobrevêm a todos. As terríveis responsabilidades da vida podem chegar de mansinho e terminar por enfraquecê-lo, matá-lo seriamente, privá-lo do riso e da alegria. Ouço de pessoas da minha idade o tempo todo: "Não estou mais me divertindo. Não consigo me lembrar da última vez que ri até chorar. Não consigo me lembrar da última vez em que me senti livre." Elas desistiram da alegria.

Você se lembra do primeiro capítulo, em que falei sobre "identificar sua paixão"? Eu disse que uma das coisas que alimentaram minha paixão pelo mundo das notícias foi ver o quanto os rapazes no fundo do avião de campanha estavam se divertindo. Espero que existam pessoas em seu local de trabalho que façam você rir. Espero que você possa ver com humor os altos e baixos em sua carreira.

Você se lembra da minha primeira produtora na CBS News, minha mentora? Bem, eu disse o quanto ela era louca, mas provavelmente não fui justa com seu senso de humor. Ou sua risada. Ela tem uma das risadas mais escandalosas e mais altas que já ouvi. Quanto mais inusitada, mais graça ela via na situação. E nós rimos tanto trabalhando juntas que aquele velho cinegrafista — o que me repreendeu por fazer aquele pequeno discurso no local onde o *trailer* estava estacionado — nos chamava de Debi e Lóide. Nunca conseguíamos descobrir quem de nós duas era quem, e ríamos disso também.

Tínhamos muito do que rir. Aqui vai uma história: nós duas no meio de um grande empurra-empurra de câmeras e repórteres — no nosso meio, chamamos isso de *gang-bang* — no Festival de Cinema de Cannes. Equipes de jornalistas europeus estavam perseguindo Robert DeNiro, que não tinha a menor intenção de ser entrevistado. Minha produtora estava aflita por estar presa no meio daquela multidão de gente — "e tudo por uma reportagem de entretenimento, pelo amor de Deus". Afinal, ela estava me preparando para as notícias sérias e importantes, e isso aconteceu anos antes dos casos O. J. Simpson, Princesa Diana e Monica Lewinski. Mas fomos arrastadas pela multidão naquela competição, empurrando e atropelando uns aos outros, e eu, na verdade, me vi de quatro, arrastando-me para debaixo de uma mesa e aparecendo de repente ao lado de DeNiro. Minha produtora empurrou nosso cinegrafista para o outro lado da mesa para focalizar o rosto de DeNiro e fez-lhe a pergunta mais estúpida que já ouvi sair de sua boca: "E aí? Você gostou de seu filme?" Nós duas disparamos a rir. (DeNiro, não.) Foi tão chato que resolvemos "afogar nossas mágoas" com mais risadas. Você tem de rir de si mesma se fizer algo estúpido ou imbecil — especialmente se essa for a única forma pela qual você vai dar uma risada naquele dia.

Ri de todos os meus altos e baixos nos noticiários da televisão. Na verdade, eu ria no ar quando não devia. A primeira vez que fui âncora no *CBS Morning News*, uma espécie de teste, eu estava tão nervosa que passei os minutos que antecederam o programa tentando vomitar no banheiro. (O que é que deu no meu estômago?) Eu não fazia a menor ideia de como era ser uma âncora e, em se tratando do mundo das notícias, ninguém me disse como era também. Eu devia apresentar as principais notícias do programa. As histórias mais importantes estavam na sequência da fita de vídeo, e eu devia ler as manchetes que acompanhavam as imagens. Mas eu estava tão nervosa que li as manchetes como uma louca, sem prestar atenção nas imagens que estavam passando. Acabei de falar bem antes — e, quando vi as imagens ainda passando sem som no monitor, comecei a rir. No ar. (Acho que isso não incomodou ninguém, pois consegui o emprego, o que quer dizer alguma coisa.)

Certa manhã, eu entrevistaria nosso principal correspondente no Oriente Médio sobre uma bomba na região. Durante o comercial antes do nosso segmento, eu lhe disse que, quando acabássemos, ele deveria sair de cena, porque iríamos direto para outro segmento. E foi o que ele fez. Concluímos nossa entrevista e, quando me virei para a segunda câmera para a próxima introdução, pude ver com o canto dos olhos nosso distinto e experiente correspondente de guerra se arrastando de joelhos por debaixo das câmeras para sair do estúdio. Comecei a dar gargalhadas escandalosas e não consegui parar.

Tenho tantas lembranças que me fazem rir. De volta a Cuba, a primeira vez que estive lá, lembro-me de estar em pé ao lado de Castro enquanto ele gritava comigo, dizendo coisas muito desagradáveis em um espanhol acelerado, porque na semana anterior o *NBC Nightly News* havia feito uma matéria sobre uma pista de aterrissagem em Cuba que estava sendo usada para tráfico de drogas. Tudo o que eu não podia fazer era disparar a rir. Ali estava um chefe de Estado de farda e botas de combate de salto alto, em pé em uma cabana destruída em Havana, gritando *comigo* em uma língua que eu não entendia sobre uma política editorial que não fui eu que fiz a mais de mil quilômetros de distância, no Rockefeller Center. Não sei se eu queria rir porque a situação parecia engraçada ou se era para aliviar a tensão. Na verdade, eu ri.

Se você se encontrar em uma situação semelhante, não recomendo que faça isso.

Tive a felicidade de poder trabalhar com tantas pessoas engraçadas. Elas talvez nem sempre saibam que estão sendo engraçadas, mas, em geral, as pessoas em minha profissão têm um grande senso de humor. Confie em mim, quando você está correndo contra prazos finais, cobrindo ao vivo cenas de crime, convenções ou tribunais, encarando a competição em meio a um empurra-empurra, sempre tentando fazer o impossível em um período de tempo impossível, você precisa de pessoas à sua volta com quem possa rir. Do contrário, tudo fica tão terrivelmente sério que pode render grandes chateações.

Perguntei para mim mesma onde foi que aprendi a ser tão ambiciosa e compulsiva por um lado, e tão disposta a rir de mim mesma por outro. Acho que descobri. Minha mãe.

Minha mãe deixou muito claro para mim que o mundo era dos homens, e não adiantava lamentar. Desde que eu era pequena, ela me instigava a fazer tudo o que meus irmãos faziam. "Vá lá, Maria. Vá lá e faça." Se fosse um jogo de futebol só para meninos, ela fazia questão que eu jogasse, por mais contrariados que eles ficassem com a possibilidade. Mas, na verdade, a decisão de participar era minha. "Vá lá, Maria. Vá lá e jogue", ela me incentivava. E eu me metia lá no meio. Por um bom tempo meus irmãos não jogavam a bola para mim. Eles mal falavam comigo no "tempo técnico". Eles só me pediam, toda vez, que eu passasse a bola por entre minhas pernas para um irmão, que, em seguida, a colocava em jogo. Eles gostavam disso, porque se divertiam com meu traseiro lá no ar. O jogo rodava à minha volta, mas não importava; minha mãe dizia que eu estava no jogo e era isso que importava. Depois do que pareceram vários anos de jogos de futebol, eles finalmente jogaram a bola para mim e me obstruíram. Até que enfim! Não era muito diferente de quando eles se amontoavam e faziam cócegas em mim para me distrair, mas eu estava jogando futebol! Eu era tão ruim no jogo comparada a eles que eu tinha de rir de mim mesma. Eles, sem dúvida, riam. E cresci com aquela voz em meu ouvido — "Vá lá, Maria. Vá lá e faça!" — e também com o som das risadas, de quando eu mesma ria da minha própria coragem. A lição que aprendi foi: levar a sério o que *faço*, mas não *me* levar tanto a sério.

Um dia desses, quando você tiver um tempinho, escreva o que lhe tem dado alegria na vida. O que você faz que lhe tem deixado mais feliz? O que tem sido divertido? O que tem feito você rir até chorar? Guarde esse papel e olhe para ele todos os anos. Você se surpreenderá ao ver como se esquece rápido de fazer aquelas coisas por estar tão focado em progredir e levar-se a sério demais. Quando você sentir que estão faltando risadas em sua vida, olhe para a sua lista e faça uma das coisas que estão nela. Traga parte da alegria de volta à sua vida.

Fiz algo assim no ano passado. Senti que estava perdendo a alegria que sentia nos meus vinte anos e imaginei que precisava ajustar minhas atitudes. Assim, sentei-me e perguntei para mim mesma o que eu fazia naquela época que me deixava tão feliz. O que me fazia rir? Para ser honesta, algumas das coisas eu não poderia fazer de novo, e não vou entrar em detalhes sobre elas. Mas eu me lembro de que me divertia quando estava praticando esportes. Por isso, comecei a jogar tênis e andar de bicicleta com meus filhos. E me lembrei de quantas risadas dava quando passava tempo com meus irmãos e meus primos. Assim, faço questão de programar férias com a família todo verão na região leste, onde cresci. Aquela semana de risadas alimenta minha alma o ano todo. E, em vez de ignorar minha reunião com as meninas do colegial, compareci e ri das lembranças com velhas amigas. E venho me lembrando de ter mais humildade. Percebo quando tenho uma imagem precisa de mim mesma, aceitando e reconhecendo onde me encontro em minha vida e aonde ainda quero chegar. É quando tenho a perspectiva e a atitude que me permitem gostar de mim mesma e dar boas risadas.

LIÇÃO

Quando eu era menina, se você me dissesse que eu me casaria com um fisiculturista republicano, nascido na Áustria, cuja grande conquista foi representar Conan, o bárbaro, eu teria dado altas risadas. Mas foi o que aconteceu, e ainda estou rindo. O amor e a risada são coisas de que você mais precisa em sua vida. Eles vão preencher todos os buracos na estrada.

E essa foi minha lista de dez coisas importantes que eu gostaria de ter ouvido na época da formatura. É também meu relato da frente de batalha, como alguém que, depois da faculdade, está vencendo dia após dia lá fora, no mundo real.

Seria tão bom poder dizer a cada um de vocês que certamente alcançarão a grandeza em tudo o que fizerem... Em vez disso, deixem-me ser a primeira a dizer: vocês talvez não consigam. Mas podem, sim, alcançar uma vida plena agindo com calma, mantendo a simplicidade das coisas e colocando-se de joelhos de vez em quando para agradecer a Deus pelo que vocês têm, pedindo-lhe a fé, o amor, a direção e a humildade de que todos nós precisamos para cumprir nossa jornada.

Ao saírem da faculdade para viver o restante de sua vida, sei que vocês se perguntam se aquele friozinho na barriga é empolgação ou simplesmente do futuro. Acreditem, é medo. Medo do desconhecido e do fracasso — no amor e na vida. Não há problema algum e é perfeitamente normal e natural estar ansioso com o que está prestes a acontecer. Mas nunca deixem que isso os impeça de olhar além do que está para acontecer para ver o que os espera.

Cada um de vocês é um ser humano impressionante, forte, resiliente, capaz de viver a vida que planeja para si mesmo. Cabe a vocês cavar lá no íntimo seu próprio futuro, criar seu próprio destino. Vocês estão em um momento glorioso, cheio de possibilidades. Tentem manter vivo esse sentimento de infinitas possibilidades pelo tempo mais longo possível. Toda vez que vocês sentirem que ele está desaparecendo, chamem-no de volta e renovem-no. Esse é um presente que podem dar a si mesmos. Vocês merecem se sentir ótimos com relação à vida.

Uma pessoa sábia certa vez me disse que coragem é andar em meio ao medo com fé. Desejo a todos vocês a fé e a coragem para identificar sua paixão. Sejam livres e conquistem-na.

EPÍLOGO

Fiz este discurso e escrevi este livro para poupar você. Não de aprender as lições que aprendi. Ninguém pode poupá-lo disso: aprender é vivenciar. Como, certa vez, uma pessoa sábia me disse: "Se eu tivesse o poder de poupar você da dor que está vivenciando, não o usaria, pois não gostaria de privá-la da força e sabedoria que adquirirá por passar por essa experiência."

Por isso, o que desejo é poupá-lo da solidão e da vergonha que senti. Pensei que fosse a única que continuaria a começar de baixo. Pensei que fosse a única que teria medo. Pensei que fosse a única que fracassaria alguma vez. Pensei que fosse a única que não conseguia ser a Mulher-Maravilha. Agora espero que você saiba que essas coisas acontecem. São comuns. Quando você tiver de enfrentar um fracasso, uma rejeição ou uma decepção, poderá dizer para si mesmo: "Eu não me arrebentei em uma parede de tijolos. Só passei por um obstáculo." Você pode sobreviver e seguir em frente. Foi o que aconteceu comigo, e esta é a mensagem de esperança que passo para você: se eu posso, você também pode.

As tragédias que acontecem a cada pessoa são só dessa pessoa. Se for esperto e mantiver seus olhos e ouvidos abertos, você ouvirá as histórias das pessoas que sobreviveram ao inimaginável: que perseveraram e resistiram, a despeito da perda de entes queridos, da doença, do divórcio, da falência, dos vícios, do que você quiser. "Se elas conseguiram, você também consegue."

Sabe, depois de fazer este discurso, propus uma lista de outras coisas que eu gostaria de ter ouvido:

- Que uma festa de casamento grande e cara é uma simples perda de tempo e de dinheiro, além de fonte de angústias à toa.
- Que é muito fácil perder o contato com seus amigos de faculdade. Antes que você perceba, vinte anos se passaram, e você deixou seus amigos escapulirem. Tente não deixar isso acontecer com você.
- Que os computadores dominariam o mundo. Eu teria tentado dominá-los antes.
- Que o sexo teria de ser criativo, crucial e consistente. E, sem dúvida, eu nunca soube que acabaria falando tanto sobre esse assunto.
- Que a carreira logo assume o controle de sua vida. Mer-

ɔas em aniversários, reuniões familia-
;ões especiais — brindar às suas gran-
sua amizade, sua sabedoria, sua singu-
: poderia ser melhor do que ouvir em
modo genuíno, na presença de outras
pessoas amam, respeitam, apreciam e
precisam de você?
aria toda a força e fé de que eu precisa-
ɔor alguns de meus momentos difíceis
rdíaca de meu marido, a morte de pa-
s, as doenças de meus filhos. Talvez eu
com tanto medo.
ventaria tantas vezes. Concentrei toda
a e vigor para me tornar a melhor jor-
eria ser. De repente, *bum*! Aos 43 anos,
mudaram drasticamente. Acordei um
ı livro infantil. De repente, eu era uma
nova identidade para mim — e estava
novo. Isso me revigorou, deixou-me
ıovamente, apaixonada mais uma vez.
ı agora, escrevendo mais um livro. Eu
aria de ter ouvido, ao me formar, que
uma resposta para a pergunta: "O que
uando crescer?" Porque, no final, cresci
nulher com uma carreira exigente em

gulhei de cabeça na minha logo depois da faculdade. Eu gostaria de ter tirado um ano só para me divertir — um ano sem responsabilidades, sem prazos, sem objetivos. Uma vez que você está tentando vencer na vida, não dá para ser despreocupado assim de novo.

- Que cuidar da minha saúde seria muito importante. Eu teria me cuidado melhor antes. Agora sabemos que podemos aprender, crescer e mudar em nossos quarenta e cinquenta anos, e que, daí para frente, é um crime deixar nosso corpo se deteriorar por negligência ou abuso.
- Que é possível empreender um "movimento da simplicidade". Trata-se de pessoas muito sábias que estão simplificando a vida ao encontrarem lugares tranquilos onde possam contemplar o que realmente é importante e depois eliminar o excesso. (Talvez eu não pudesse de fato fazer isso até ter enchido minha vida de coisas, o que praticamente exigiu uma limpeza.)
- Que é preciso saber dizer *não*. O que estou percebendo é que quem é de fato inteligente não se sobrecarrega de culpa, mas fica à vontade quando diz: "Não, não posso fazer mais nada." Simplesmente administram muito bem seu tempo. *Não* fazem tudo, mas tudo o que fazem é bem-feito. Este é meu objetivo hoje.
- Que o amor de um pai ou de uma mãe por um filho transforma nossa vida. Eu teria sido uma filha diferen-

te para meus pais — mais afetuosa, mais aberta, mais disposta a compartilhar com eles. Em meu egoísmo, também me afastei deles rápida e facilmente. Agora aprendi que os filhos podem ferir seus sentimentos de forma muito profunda. (Outro dia, minha caçula exclamou: "Mãe, por que você não vai fazer outras coisas? A gente está brincando demais com você. Queria brincar mais com as amigas!" Isso me magoou profundamente.)

- Que, quando eu casei e me mudei para quase cinco mil quilômetros de distância, seria tão difícil para meus pais. Já estou me preparando para ser simpática, amorosa e generosa quando um de meus filhos fizer algo assim comigo mais para a frente.
- Que fosse possível ter conhecido meus pais quando eles eram jovens. Conheci essas duas pessoas extraordinárias quando elas estavam na metade da vida. Eu gostaria de ter podido conhecê-los antes de eles estarem cheios de filhos.
- Que meus quatro irmãos acabariam sendo meus melhores amigos. Eu teria batido menos neles quando éramos crianças, teria os expulsado menos de meu quarto e teria os rejeitado e ignorado menos. Hoje, eles *não* estão apenas em fotos; eles são uma parte crucial de minha vida — sempre presentes. Não deixo

brindar às pes
res, comemora
des qualidades
laridade. O qu
voz alta, de un
pessoas, que a
adoram você,

- Que Deus me
va para passar
— a cirurgia c
rentes próxim
não teria ficad
- Que eu me rei
a minha energ
nalista que po
meus interess
dia e escrevi u
autora — uma
começando d
entusiasmada
E aqui estou
realmente gos
não há apena
você quer ser
para ser uma

Este livro foi composto em Minion 11/16 e impresso pela Gráfica Ediouro sobre papel pólen soft 80g para a Thomas Nelson Brasil em junho de 2009.

minha fase dos vinte, esposa e mãe na fase dos trinta e, além de tudo isso, autora na fase dos quarenta. Sou grata porque estou em contato com a parte de nós que é receptiva ao ensino e sempre renovável, inovadora e em crescimento. *Podemos* nos reinventar e encontrar um mundo completamente novo lá fora — ou um mundo completamente novo dentro de nós mesmos. Repetidas vezes.

- Enfim, gostaria de ter aprendido como estar em paz comigo mesma. Não acho que realmente senti orgulho de mim mesma até o dia, em abril de 1999, em que descobri que havia ganhado o prêmio Peabody de telejornalismo e que meu livro infantil havia entrado na lista dos mais vendidos do *New York Times*. Sentei-me em meu quarto de hotel e chorei. Depois de 43 anos neste mundo, senti que havia realizado alguma coisa. Eu estava sendo reconhecida não por causa de minha família, de meu marido ou de minha aparência, mas por mim, por meu esforço. Isso me dizia que eu tinha o direito de me orgulhar de mim mesma. Finalmente.

Tudo bem. Estou cansada de falar de mim. Isso foi o que aprendi; agora você pode aproveitar as lições e ir viver a sua vida. Volto daqui a uns dez anos para continuar esse papo. Deus abençoe você e boa sorte!